Verhandlungen

des

Dritten Deutschen Juristentages.

Herausgegeben

von

dem Schriftführer-Amt der ständigen Deputation.

Erster Band.

Berlin, 1862.
Druck und Commissions-Verlag von G. Jansen.

Statut des Deutschen Juristentages.

Nach den Beschlüssen vom 27. August 1861 redigirt
von dem Schriftführer-Amt der ständigen Deputation.*)

§. 1.

Der Zweck des Deutschen Juristentages ist: eine Vereinigung für den lebendigen Meinungsaustausch und den persönlichen Verkehr unter den Deutschen Juristen zu bilden, auf den Gebieten des Privatrechts, des Prozesses und des Strafrechts den Forderungen nach einheitlicher Entwickelung immer größere Anerkennung zu verschaffen, die Hindernisse, welche dieser Entwickelung entgegenstehen, zu bezeichnen und sich über Vorschläge zu verständigen, welche geeignet sind, die Rechtseinheit zu fördern.

§. 2.

Der Deutsche Juristentag tritt alljährlich zusammen.

§. 3.

Zur Mitgliedschaft berechtigt sind die Deutschen Richter, Staatsanwälte, Advokaten und Notare, die Aspiranten des Richteramtes, der Anwaltschaft und des Notariats, sowie jeder, der nach seinen

*) Die gesperrt gedruckten Worte sind Aenderungen des bisherigen Statuts, welche von dem Zweiten Deutschen Juristentage beschlossen worden.

Landesgesetzen zum Richteramte, zur Anwaltschaft oder zur Ausübung des Notariats für befähigt erkannt ist, ferner die Lehrer an den Deutschen Hochschulen, die Mitglieder der gelehrten Akademien, die Doktoren der Rechte und die rechtsgelehrten Mitglieder der Verwaltungs-Behörden.

§. 4.

Die Mitgliedschaft beginnt mit dem Empfange der Mitgliedskarte. Sie berechtigt zur Theilnahme an den Verhandlungen und an der Abstimmung.

§. 5.

Der Beitrag der Gesellschaftsmitglieder wird vom 1. Jan. 1862 an auf zwei Thaler jährlich festgesetzt und ist innerhalb vier Wochen nach Beginn jedes neuen Jahres zu entrichten, widrigenfalls derselbe durch Postvorschuß eingezogen wird. Nimmt ein Mitglied den mit Postvorschuß beschwerten Brief nicht an, so wird dies einer ausdrücklichen Austrittserklärung gleich geachtet. — Für die am Orte des Juristentages selbst zu lösende Anmeldungskarte ist Ein Thaler zu entrichten.

§. 6.

Den Plenar-Verhandlungen des Deutschen Juristentages gehen der Regel nach Abtheilungs-Berathungen voraus. Zu diesem Zwecke werden durch freiwillige Einzeichnung der Mitglieder folgende vier Abtheilungen gebildet:

1) Abtheilung für Privatrecht, insbesondere Obligationen- und Pfandrecht,
2) Abtheilung für Handels-, Wechsel-, See- und internationales Recht,*)
3) Abtheilung für Strafrecht, Strafprozeß und Gefängnißwesen,
4) Abtheilung für Gerichtsverfassung, Civilprozeß, juristisches Studium und praktische Ausbildung.

Die Abtheilungen wählen ihre Vorsitzenden, Schriftführer, Berichterstatter und benachrichtigen den Vorsitzenden der Plenar-Versammlung

---

*) Die vom Zweiten Deutschen Juristentage beschlossene Vereinigung der ersten und zweiten Abtheilung geschah ausdrücklich nur für die Dauer des Zweiten Juristentages.

(§. 7), sobald ihre Berathungen über einzelne Gegenstände geschlossen sind; ihre Anträge sind schriftlich zu fassen. In jeder Abtheilung stimmen nur diejenigen mit, welche sich in die betreffende Abtheilung bereits eingezeichnet haben.

§. 7.

Die Verhandlungen der Plenar-Versammlung leitet ein Vorsitzender, welcher für die Dauer eines jeden Juristentages in der ersten Plenar-Versammlung durch Stimmzettel oder Akklamation gewählt wird. Derselbe ernennt zwei bis vier Stellvertreter und vier Schriftführer. Er bestimmt die Tagesordnung und kann einzelne Gegenstände, ohne Vorberathung in den Abtheilungen (§. 6), unmittelbar zur Plenar-Berathung stellen. Auch ist er befugt, Nichtmitglieder als Zuhörer zuzulassen.

§. 8.

Bei allen Beschlüssen der Plenar-Versammlung und der Abtheilungen entscheidet einfache Stimmenmehrheit der anwesenden Mitglieder; bei allen Wahlen relative Majorität und im Falle der Stimmengleichheit das Loos.

§. 9.

Wird Schluß der Debatte beantragt, so wird über diesen Antrag sofort abgestimmt. In der Plenar-Versammlung sind alle Anträge mit Ausnahme des Antrages auf Schluß der Debatte schriftlich zu stellen.

§. 10.

Vor dem Schlusse eines jeden Juristentages wird von der Plenar-Versammlung durch Akklamation oder in einem einzigen Skrutinium durch Stimmzettel eine aus achtzehn Mitgliedern und dem Präsidenten des letzten Juristentages als Ehren-Präsidenten bestehende ständige Deputation gewählt. Von jenen achtzehn Mitgliedern müssen mindestens drei am Orte des letzten Juristentages und jedenfalls zwölf auswärts wohnen. Die Liste der zur Akklamation vorzuschlagenden Personen wird durch den Präsidenten der Plenar-Versammlung, seine Stellvertreter und je zehn von jeder Abtheilung gewählte Vertrauensmänner gemeinschaftlich festgestellt.

Die ständige Deputation hat folgende Befugnisse und Obliegenheiten:

1) sie sorgt für die Ausführung der von dem Juristentage gefaßten Beschlüsse, veranstaltet nach eignem Ermessen den Druck der Protokolle und Vorlagen, bewirkt die Vertheilung der Drucksachen an die Mitglieder und verwahrt alle Akten und Schriftstücke des Juristentages;
2) sie bestimmt Zeit und Ort des nächsten Juristentages, trifft die für denselben nöthigen Vorbereitungen, erläßt die Einladungen, stellt die vorläufige Tagesordnung auf, wobei sie in der Regel nur die bis zum 31. Mai des laufenden Jahres eingegangenen Vorlagen zu berücksichtigen hat, und bereitet Abänderungsvorschläge in Betreff der Geschäftsordnung für die Plenar-Versammlung vor;
3) sie nimmt die Beitrittserklärungen neuer Mitglieder entgegen, fertigt die Mitgliedskarten aus, empfängt die Beiträge, bestreitet die Ausgaben und legt der folgenden Deputation Rechnung;
4) sie ergänzt sich selbst, falls eines oder mehrere ihrer Mitglieder während des Geschäftsjahres ausscheiden.

Die Deputation wählt aus ihrer Mitte einen Vorsitzenden und einen Schriftführer, welcher Letztere ein von der Deputation festzusetzendes Pauschquantum für baare Auslagen erhält. Der Sitz der Deputation ist der Ort des letzten Juristentages. Zur Gültigkeit ihrer Beschlüsse ist die Einladung sämmtlicher Mitglieder, sowie die Mitwirkung von wenigstens fünf Mitgliedern erforderlich.

§. 11.

Abänderungen dieses Statuts können zwar von der Plenar-Versammlung durch einfache Stimmenmehrheit, jedoch nur auf schriftlichen Antrag, der vier Wochen vor dem Zusammentritt des Juristentages der ständigen Deputation (§. 10) überreicht worden, beschlossen werden.

A.

Alphabetisches Verzeichniß

derjenigen

Mitglieder des 3. Deutschen Juristentages,

welche dem Vereine schon im Jahre 1861 angehörten.

Nr.	Name.	Stand.	Wohnort.
1	Aarons	Advokat	Schwerin.
2	Dr. Abegg	Geh. Justizrath. Professor	Breslau.
3	Abegg	Appellationsger.-Referendar	Breslau.
4	Abeken	Gerichtsrath	Dresden.
5	Aberle	Amtsrevisor u. Bezirks-Notar	Müllheim.
6	Ackermann	Hofrath, Finanzprokurator und Rechtsanwalt	Dresden.
7	Dr. Adami	Obergerichtsanwalt	Bremen.
8	Dr. Aegidi	Professor	Hamburg.
9	Ahlemann	Rechtsanwalt	Samter.
10	Ahnert	Gerichtsamtsaktuar	Großenhain.
11	Albrecht	Obergerichtsanwalt	Hannover.
12	Albrecht	Appellationsrath und Ober-Staatsanwalt	Hildburghausen.
13	Albrecht	Kreisrichter	Lauenburg i. P.
14	Alschefski	Rechtsanwalt	Magdeburg.
15	Dr. André	Obergerichtsanwalt	Osnabrück (Hannover).
16	Angelbeck	Obergerichtsanwalt	Lüneburg.

Nr.	Name.	Stand.	Wohnort.
17	Dr. Anschütz	Professor	Greifswald
18	Anschütz	Advokat	Leipzig.
19	Anz	Kreisgerichtsrath	Tilsit.
20	Dr. Arens	Friedensrichter	Alzey.
21	Arndts	Staatsanwalt	Mohrungen.
22	Dr. Aronheim	Obergerichts-Advokat	Braunschweig.
23	Vater Ritter von Artens	Staatsanwalts-Substitut	Graz.
24	Aschenborn	Rechtsanwalt	Arnswalde.
25	Assig	Gerichts-Assessor	Breslau.
26	Dr. jur. et phil. Auerbach	Advokat	Frankfurt a. M.
27	A. Bach	Obergerichtsadvokat u. Notar	Holzminden.
28	Dr. Joseph Bach	Hof- und Gerichtsadvokat	Wien.
29	Bachelin	Hofgerichtsrath und Staatsanwalt	Freiburg.
30	Bacher	Rechtskonsulent	Stuttgart.
31	Bachmann	Rechtsanwalt und Notar	Zwickau.
32	Bachmann	Advokat	Culmbach.
33	Bachmann	Rechtsanwalt	Pulsnitz.
34	Bader	Kreisgerichtsrath	Heiligenstadt.
35	C. Bähr	Dr. phil. und Bacc. jur.	Dresden.
36	Bähr	Obergerichtsrath	Cassel.
37	Bäumer	Bezirksgerichtsrath	Hof (Bayern).
38	Bahr	Bürgermeister, Advokat	Fürstenberg (Mecklenb.).
39	Baier	Staatsanwalt	Löwenberg (Schlesien).
40	Ballhorn	Ober-Tribunalsrath	Berlin, Charlottenstr. 86.
41	Dr. Barth	Rechtsanwalt	Augsburg.
42	Dr. Barth	Advokat	Kaufbeuren.
43	Bartholdy	Kreisrichter	Massow (Pommern).
44	Bartolomäus	Kreisrichter	Jacobshagen i. P.
45	Bassenge	Kreisrichter	Lauban.
46	Bassenge	Bezirksgerichts-Aktuar	Dresden.
47	v. Bastian	Kanzlei-Vice-Direktor a. D., Kanzlei-Advokat	Güstrow (Mecklenburg-Schwerin).

Nr.	Name.	Stand.	Wohnort.
48	Dr. Bauer	Hof- und Gerichtsadvokat	Wien.
49	Bauermeister	Advokat	Grabow (Mecklenburg-Schwerin.
50	Bauermeister	Obergerichtsanwalt	Hannover.
51	Dr. Baumeister	Obergerichtsrath	Hamburg.
52	Bazing	Oberamtsrichter	Neresheim.
53	Becher	Justizrath, Rechtsanwalt	Berlin, Kommandantenstraße 84.
54	Becker	Ober-Appellationsrath	Oldenburg.
55	Beeger	Rechtsanwalt	Löbau.
56	Dr. Behaghel	Professor	Freiburg.
57	Dr. v. Behr	Justiz-Minister	Dresden.
58	Dr. O. Behr	Rechtsanwalt	Cöthen.
59	Behrend	Gerichts-Assessor	Berlin, Ritterstr. 45.
60	Bennewitz	Rechtsanwalt	Leipzig.
61	Bensinger	Obergerichtsadvokat	Mannheim.
62	Berendt	Kreisrichter	Elbing.
63	Berentzen	Obergerichtsanwalt	Meppen.
64	Dr. Berger	Hof- und Gerichtsadvokat	Wien, Stadt 427.
65	Bergmann	Rechtsanwalt	Spandau.
66	Bergmann	Gerichts-Assessor	Berlin, Lindenstr. 101.
67	Bergmann	Obergerichts-Assessor	Meppen.
68	Bering	Kreisrichter	Elsterwerda.
69	Bermann	Gerichtsamtmann	Zöblitz.
70	Bernau II.	Gerichts-Assessor	Magdeburg.
71	Dr. Bernays	Advokat	Mainz.
72	Berndt	Gerichtsamtmann	Geithain.
73	Berndt	Kammergerichtsrath	Berlin, Neuenburgerst. 31.
74	Berner	Justizrath, Rechtsanwalt	Mohrungen.
75	Bernhardi	Gerichtsamts-Assessor	Stollberg bei Chemnitz.
76	Berninger	Staatsanwalt am Appellationsgericht	Eisenach.
77	v. Bernuth	Justiz-Minister a. D.	Berlin.
78	Bertheim	Gerichts-Assessor	Berlin, Stralauerstr. 13.
79	Beschorner	Finanz-Prokurator	Dresden.

Nr.	Name.	Stand.	Wohnort.
80	Dr. Beseler	Geh. Justizrath u. Professor	Berlin, Kochstr. 18.
81	Besthorn	Justizrath, Rechtsanwalt	Danzig.
82	v. Beyer	Justizrath, Rechtsanwalt	Frankfurt a. O.
83	Beyrich	Kreisrichter	Beelitz.
84	Bierwirth	Obergerichts-Assessor	Lüneburg.
85	Billerbeck	Justizrath, Rechtsanwalt	Anclam.
86	Binder	Ober-Tribunalsrath, General-Staatsanwalt	Stuttgart.
87	Black	Staatsanwalt	Gleiwitz (Ob.-Schlesien).
88	v. Blittersdorff	Amtsrichter	Säckingen.
89	Block	Rechtsanwalt	Magdeburg.
90	Dr. Bluhme	Geh. Justizrath u. Professor	Bonn.
91	Dr. Bluntschli	Professor	Heidelberg.
92	Bock	Gerichts-Direktor a. D.	Hagen.
93	v. Bock	Ober-Appellationsrath	Celle.
94	Bock	Kreisrichter	Pasewalk.
95	Bode	Kreisrichter	Braunschweig.
96	Bodenheim	Advokat	Karlsruhe.
97	Bodstein	Kreisrichter	Habelschwerdt.
98	Böhmer	Kreisgerichtsrath	Stettin, Paradeplatz 21.
99	Böhmer	Amtsaktuar	Lommatzsch.
100	Böle	Justizrath, Rechtsanwalt	Münster.
101	Börner	Bezirksgerichtsaktuar	Löbau (Sachsen).
102	Böttger	Amtsaktuar	Moritzburg.
103	Bohm	Hofgerichts-Direktor	Bruchsal.
104	Dr. Bolze	Advokat	Bernburg.
105	Bonseri	Appellationsgerichtsrath	Stettin.
106	Borchardt	Stadtgerichtsrath	Berlin, Französischestr.32.
107	Borchers	Ober-Appellationsgerichts-Anwalt	Celle (Hannover).
108	v. Borck	Rechtsanwalt	Schönlanke.
109	Dr. Bornemann	Wirkl. Geh. Rath u. Zweiter Präsident des Ober-Trib.	Berlin, Potsdamerstraße 125/6.
110	Bornemann	Geh. Kriegsrath und vortr. Rath i. Kriegsministerium	Berlin.

Nr.	Name.	Stand.	Wohnort.
111	Dr. Bornemann	Gerichts-Assessor und Privat-Dozent	Berlin, Potsdamerstraße 125/6.
112	Bothe	Rechtsanwalt	Trzemeszno.
113	Bouneß	Rechtsanwalt	Berlin, Neue Friedrichsstraße 36.
114	W. Bouneß	Rechtsanwalt	Breslau, Ring 47.
115	Brachvogel	Justizrath, Rechtsanwalt	Bromberg.
116	Brachvogel	Justizrath, Rechtsanwalt	Wollstein.
117	Brachvogel	Rechtsanwalt	Berlin, Neue Friedrichsstraße 37.
118	Brauer	Hofgerichtsrath	Bruchsal.
119	Brebeck	Rechtsanwalt	Lötzen.
120	Breitling	Justiz-Referendar	Röblingen.
121	Bremer	Ober-Appellationsger.-Sekr.	Lübeck.
122	Breymann	Obergerichts-Präsident	Wolfenbüttel.
123	Briegleb	Hofrath und Hofadvokat	Coburg.
124	Briesemann	Advokat	Wismar.
125	v. Briesen	Rechtsanwalt	Hagen.
126	Dr. Brinkmann	Oberappellationsrath a. D.	Kiel.
127	Dr. Brix	geprüfter Advokatur-Kandidat	Wien, Stadt 641.
128	Brockhaus	Dr. jur.	Leipzig.
129	Brockhoff	Kammergerichts-Auskultator	Duisburg.
130	Bromme	Rechtsanwalt	Naumburg a. S.
131	Buddee	Kammergerichtsrath	Berlin, Ritterstr. 36.
132	Buddee	Gerichts-Assessor	Berlin, Ritterstr. 36.
133	Büchtemann	Kammergerichts-Referendar	Berlin, Kochstr. 73.
134	Bulla	Rechtsanwalt	Lauban.
135	Burchard	Rechtsanwalt	Charlottenburg.
136	Burkhard	Kreisgerichts-Direktor	Eisenach.
137	Dr. Burmeister	Advokat	Plön (Holstein).
138	Busch	Advokat	Karlsruhe.
139	Bussenius	Rechtsanwalt a. Ober-Trib.	Berlin, Oranienstr. 107.
140	Buttel	Advokat	Neu-Strelitz (Mecklenb.).
141	v. Buttlar	Assessor	Chemnitz.
142	Buttmann	Kammergerichts-Referendar	Berlin, Oranienstr. 101/2.

Nr.	Name.	Stand.	Wohnort.
143	Dr. Caesar	Obergerichtsrath	Detmold.
144	Calm	Rechtsanwalt	Bernburg.
145	Canzler	Rechtsanwalt	Dippoldiswalde.
146	Casper	Justizrath, Rechtsanwalt	Berlin, Markgrafenst. 44.
147	Cassel	Rechtsanwalt	Neustadt E.-W.
148	Dr. Chelius	Amtsrichter	Mannheim.
149	Chomse	Kreisrichter	Culm.
150	Dr. Cnyrim	General-Postdirektions-Sekretair	Frankfurt a. M.
151	Cohn	Advokat	Neu-Strelitz.
152	Corty	Justizrath, Rechtsanwalt	Luckau.
153	Dr. Costa	geprüfter Advokatur-Kandidat	Laibach (Oesterreich).
154	Courtin	Universitäts-Amtmann	Heidelberg.
155	Cunradi	Rechtsanwalt	Dresden.
156	Dalke	Staatsanwalt	Memel.
157	Damke	Justizrath, Rechtsanwalt	Filehne.
158	Danner	Justizrath	Mühlhausen.
159	Danz	Oberappellationsrath u. Prof.	Jena.
160	v. Dazür	Rechtsanwalt	Ostrowo.
161	Dechend	Kreisgerichts-Direktor	Glatz.
162	Decker	Ober-Tribunalsrath	Berlin, Bernburgerst. 30.
163	Dr. Dedekind	Obergerichtsanwalt	Wolfenbüttel.
164	Deegen	Stadtrichter	Berlin, Louisenstr. 34.
165	Dr. Demel	Landesadvokat	Teschen (Oesterreich).
166	Dettmann	Stadtgerichtsrath	Berlin.
167	v. Dewitz	Justizrath, Rechtsanwalt	Stettin.
168	Diehl	Hofgerichtsrath	Dillenburg (Nassau)
169	Diery	Hofgerichtsadvokat	Gießen.
170	Dr. Dietrich	Advokat	Troppau.
171	Dietz	Oberamtsrichter	Bruchsal.
172	Dietze	Gerichtsamtsaktuar	Königstein.
173	Dr. Dietzel	Professor	Leipzig.
174	Dönniges	Justizrath, Rechtsanwalt	Posen.
175	W. Döring	Rechtsanwalt	Dresden.
176	Dr. Doktor	Finanzprokurator f. Böhmen	Prag.

Nr.	Name.	Stand.	Wohnort.
177	Dombois	Amts-Assessor	Wied-Selters.
178	Dorn	Justizrath, Rechtsanwalt am Ober-Tribunal	Berlin, Besselstr. 21.
179	Dornseiff	Hofgerichtsadvokat	Gießen.
180	Dosch	Kreisgerichts-Adjunkt	Steyr (Ober-Oesterreich).
181	Dr. Dove	Professor	Tübingen.
182	Dr. Drechsler	Bürgermeister	Parchim (Mecklenburg-Schwerin).
183	v. Dresler	Kreisgerichtsrath	Grätz.
184	Drewitz	Gerichtsamtmann	Dippoldiswalde.
185	Dr. Droop	Amtsrichter	Leer.
186	v. Düring	Ober-Appellationsger.-Präs.	Celle.
187	Dr. Dugge	Senator	Bützow (Mecklenburg).
188	Dulheuer	Kreisrichter	Lüdenscheid.
189	G. v. Dusch	Ministerialrath	Karlsruhe.
190	Ebers	Stadtrichter	Berlin, Wilhelmsplatz 4.
191	Dr. Eberty	Stadtgerichtsrath	Berlin.
192	v. Eck	Obergerichts-Prokurator	Wiesbaden.
193	v. Eckenbrecher	Kreisgerichts-Direktor	Bergen auf Rügen.
194	Eckert	Direktor des Männer-Zucht-hauses	Bruchsal.
195	Eding	Appellationsgerichtsrath	Magdeburg.
196	Ehlers	Kreisgerichtsrath	Halberstadt.
197	Ehlers	Advokat	Rostock.
198	Eimer	Hofgerichtsrath	Freiburg.
199	Dr. Wilh. Einert	Rechtsanwalt	Leipzig.
200	Eisenlohr	Oberhofgerichts-Referendar	Karlsruhe.
201	Elbers	Rechtsanwalt	Hagen.
202	Dr. Elvers	Kreisrichter	Höxter a. d. Weser.
203	v. Enckevort	Appellationsgerichtsrath	Stettin.
204	Endemann	Obergerichts-Assessor	Fulda.
205	Moritz Engel	Advokat	Dresden.
206	Engelhardt	Justizrath, Rechtsanwalt	Posen.
207	Engels	Kreisrichter	Alt-Landsberg.
208	Enzian	Gerichts-Assessor	Sonneberg (Meiningen).

Nr.	Name.	Stand.	Wohnort.
209	Ernst	Kammergerichts-Auskultator	Berlin, Schellingstr. 4.
210	Dr. Esmarch	Professor der Rechte	Prag.
211	Esser	Obergerichts-Advokat	Mannheim.
212	Ettlinger	Obergerichts-Advokat	Karlsruhe.
213	Euler	Notar	Düsseldorf.
214	Evers	Ober-Appell.-Gerichtsanwalt	Celle.
215	Eysoldt	Rechtskandidat und Notar	Königsstein.
216	Faber	Ober-Tribunals- und vortr. Rath i. Justiz-Ministerium	Stuttgart.
217	Falkmann	Archivrath, Rechtsanwalt	Detmold.
218	Fasoldt	Rechtsanwalt u. Notar	Dresden.
219	Feige	Gerichts-Assessor und Hülfsrichter	Schrimm.
220	Fellner	Gerichtsamtmann	Pulsnitz.
221	Dr. Fetzer	Hofgerichts-Präsident	Freiburg.
222	Feuerbach	Ober-Justizrath	Ulm.
223	Fiebiger	Rechtsanwalt	Halle a. S.
224	Fiedler	Gerichtsamtmann	Tharandt.
225	Dr. Filehne	Kreisrichter	Ratibor.
226	Dr. Fischel	Gerichts-Assessor	Berlin, U. d. Linden 49.
227	Fischer	Justizrath, Rechtsanwalt	Breslau.
228	Dr. Fischer	Kreisgerichtsrath	Schweidnitz.
229	Fischer	Justizrath, Rechtsanwalt	Magdeburg.
230	Flashar	Kreisgerichtsrath	Nicolai (Ober-Schlesien).
231	Fleck	General-Auditeur	Berlin, Anhaltsstr. 14.
232	Fleck	Appellationsrath	Bautzen.
233	Fleck	Finanzprokurator, Rechtsanwalt	Dresden.
234	Fleck	Kammergerichts-Referendar	Berlin Anhaltsstr. 14.
235	Fleischauer	Appellationsgerichtsrath	Berlin, Friedrichsstr. 242.
236	Flittner	Stadtgerichtsrath	Berlin, Lindenstr. 23.
237	Dr. Flögel	Advokat	Jungbunzlau (Böhmen).
238	Flohr	Gerichtsamtmann	Reichenau.
239	G. Flor	Auditor	Oldenburg.
240	Florschütz	Kreisrichter	Hagen.

Nr.	Name.	Stand.	Wohnort.
241	Förster	Advokat	Pirna.
242	Forck	Stadtrichter	Berlin.
243	Forkel	Justizrath, Rechtsanwalt	Coburg.
244	Fräntzel	Rechtsanwalt	Dresden.
245	Francke	Obergerichts-Vice-Direktor	Lüneburg.
246	Francke	Kreisgerichts-Direktor	Suhl.
247	Dr. Francke	Aktuar	Dresden.
248	Dr. Frank	Rechtspraktikant	Prag.
249	Frank	Kreisgerichtsrath	Crossen a. O.
250	Franken	Advokat	Crefeld.
251	Franz	Justizrath, Rechtsanwalt	Naumburg a. S.
252	Frech	Ober-Tribunalsrath	Berlin, Bellevuestr. 7.
253	Frech	Staatsanwalt	Berlin, Hirschelstr. 27 a.
254	Fretzdorff	Justizrath, Rechtsanwalt	Berlin, Krausenstr. 37.
255	Freund	Kreisgerichtsrath	Halle a. S.
256	v. Freydorf	Ministerialrath	Karlsruhe.
257	Friccius	Justizrath, Divisions-Audit.	Berlin, Dessauerstr. 11.
258	Dr. Friedberg	Geh. Ober-Justizrath u. vortr. Rath im Justiz-Minist.	Berlin, Hafenplatz 2.
259	Dr. Friedenthal	Landrath	Grottkau (Schlesien).
260	Dr. Friederici jun.	Rechtsanwalt	Leipzig.
261	Dr. Friederici	Obergerichts-Advokat	Leipzig.
262	Friedländer	Geh. Ober-Justizrath	Berlin.
263	Friedrich	Gerichtsamtmann	Chemnitz.
264	Friedrich	Rechtsanwalt	Pirna.
265	Dr. Fritschi	Amtsrichter	Neckarbischofsheim.
266	Fröbich	Oberamtsrichter	Backnang.
267	Dr. M. Fürst	Rechtsanwalt	Schopfheim.
268	Fuldner	Kammerprokurator, Advokat und Fiskal	Neustrelitz.
269	Dr. Gad	Kreisrichter	Sagan.
270	Gänseblum	Amtsrichter	Neustadt (Baden).
271	Gärtner	Obergerichtsrath	Wolfenbüttel.
272	Gärttner	Ober-Regierungsrath	Stuttgart.
273	Gareis	Staatsanwalt	Pirna.

Nr.	Name.	Stand.	Wohnort.
274	Gasch	Rechtsanwalt	Dresden
275	Gebert	Geh. Justiz- u. Minist.-Rath	Dresden.
276	Geck	Kreisgerichtsrath	Werden a. R.
277	August Geck	Rechtsanwalt	Hagen.
278	Gedicke	Bergrath und Bergamts-Justitiar	Halberstadt.
279	Dr. Gehbler	Kreisrichter	Filehne.
280	Geißel	Appellationsger.-Referendar	Cottbus.
281	Dr. v. Geldern	Wirklicher Geheimer Rath	Gera.
282	Gelineck	Justizrath, Rechtsanwalt	Breslau, Gartenstr. 32 b.
283	Dr. Georgi	Advokat	Leipzig.
284	Dr. Georgii	Oberamtsrichter	Freudenstadt.
285	Dr. v. Gerber	Kanzler und Professor	Tübingen.
286	Dr. Gerding	Oberappellationsger.-Anwalt	Celle.
287	v. Gerhard	Syndikus	Königsberg i. Pr.
288	Gerhard	Advokat	Leipzig.
289	Dr. Gerhard	Staatsanwaltsgehülfe	Labiau i. O.-Pr.
290	Gerhardt	Rechnungsrath, Deputirter des Badenschen Notariats-Vereins	Karlsruhe.
291	Gerlach	Advokat	Dresden
292	Gerlach	Ober-Staatsanwalt	Marienwerder.
293	Gesenius	Stadtrath	Berlin, Potsdamerstr. 38.
294	Dr. Geßler	Professor	Tübingen.
295	Geßler	Justizrath, Rechtsanwalt	Bromberg.
296	Dr. Getz	Advokat	Frankfurt a. M.
297	Dr. Geyer	Professor	Innsbruck.
298	Geyer	Rechtsanwalt und Notar	Dresden.
299	Giehlow	Staatsanwalt	Danzig.
300	Gierse	Rechtsanwalt	Münster.
301	Giesinger	Kreisrichter	Wollstein.
302	Dr. Gießmayer	Advokat	München.
303	Girardet	Auditeur im Reiter-Regiment Kronprinz	Großenhayn.
304	Dr. Gitzler	Professor der Rechte	Breslau.

Nr.	Name.	Stand.	Wohnort.
305	Dr. Glaser	Professor	Wien.
306	Glasewald	Kreisrichter	Naumburg a. S.
307	Glasser	Advokat	Roda (Altenburg).
308	Dr. Glöckner	Geh. Finanzrath	Dresden.
309	Glöckner	Gerichtsrath	Dresden.
310	Dr. Gneist	Professor	Berlin, Mohrenstr. 6.
311	Göbecke	Justizrath, Rechtsanwalt	Halle a. S.
312	Göring	Kreisrichter	Schlawe (Pommern).
313	Dr. Görner	Advokat	Budweis (Böhmen).
314	Carl Götting	Obergerichtsanwalt	Hildesheim.
315	Dr. v. Götz	Professor	Leipzig.
316	Götze	Appellationsgerichtsrath	Frankfurt a. O.
317	Goldstandt	Gerichts-Assessor	Berlin, Oranienstr. 108.
318	Goltdammer	Ober-Tribunalsrath	Berlin, Askanischer Pl. 4.
319	Gotthardt	Obergerichtsadvokat	Braunschweig.
320	Gotthelf	Advokatur-Concipient	München.
321	Gottschalk	Kreisrichter	Bielefeld.
322	v. Gottschalk	Gerichtsamtmannn	Rötha.
323	Gottschalk	Rechtsanwalt	Dresden.
324	Gräffe	Rechtsanwalt	Dresden.
325	Gräper	Obergerichtsrath	Varel.
326	v. Grävenitz	Staatsanwalt	Danzig.
327	Graßhof	Kreisgerichtsrath	Halberstadt.
328	Dr. Grimm	Rechtsanwalt	Pforzheim.
329	Grisebach	Obergerichtsrath	Hameln a. W. (Hannover).
330	v. Grodbeck	Rechtsanwalt	Schwetz.
331	Grolp	Rechtsanwalt	Neustadt i. West-Pr.
332	Gropius	Ober-Staatsanwalt	Naumburg a. S.
333	Dr. Freiherr v. Groß	Ober-Staatsanwalt	Eisenach.
334	Grotrian	Obergerichtsrath	Wolfenbüttel.
335	Gubitz	Notar	Berlin, Heiligegeiststr. 13.
336	Dr. Güterbock	Stadtrichter	Königsberg i. Pr.
337	Dr. Gundermann	Rechtsanwalt	München.
338	Gutbier	Rechtsanwalt	Dresden.
339	Gutmann	Rechtsanwalt	Carlsruhe.

Nr.	Name.	Stand.	Wohnort.
340	O. v. Gutschmidt	Advokat	Zwickau.
341	Haack	Rechtsanwalt	Glogau.
342	Haase	Advokat	Haynichen (Sachsen).
343	Haase	Rechtsanwalt	Zehdenick.
344	Haaß	Hofgerichtsrath und Staatsanwalt	Bruchsal.
345	Haberkorn	Bürgermeister, Präsident der II. Kammer der Ständeversammlung	Zittau.
346	Hachtmann	Appellationsgerichtsrath	Naumburg a. S.
347	Hacke	Bezirksgerichts-Accessist	München (links der Isar).
348	Dr. Häberlin	Professor	Greifswald.
349	Häckel	Kreisrichter	Freienwalde a. O.
350	Dr. Hänel	Geh. Rath und vortragender Rath im Justizministerium	Dresden.
351	Hänisch	Rechtsanwalt	Colberg.
352	Härtig	Rechtsanwalt	Großenhain.
353	Hagemeister	Kreisrichter	Stralsund.
354	Hagen	Advokat	Neu-Ulm.
355	Hahn	Advokat	Neubrandenburg.
356	Hahndorff	Kreisgerichts-Direktor	Guben.
357	Halder	Oberamtsrichter	Waldsee.
358	Hallbauer	Finanz-Prokurator	Meißen (Sachsen).
359	Hammerfeld	Rechtsanwalt	Berlin, Burgstr. 29.
360	Handt	Kreisgerichtsrath	Bernburg.
361	Hanff	Justizrath, Rechtsanwalt	Frankfurt a. O.
362	Dr. Hanisch	Advokatur-Candidat	Wien, Alsergrund, Widtenburggasse 22.
363	Hanke	Justizrath	Eilenburg.
364	Hansen	Advokat	Hannover.
365	Hantusch	Kreisgerichts-Direktor	Wollstein.
366	v. Harleßem	Obergerichtsanwalt	Hannover.
367	Dr. Philipp Ritter v. Harrasowsky	Raths-Sekretair im Justiz-Ministerium	Wien.
368	v. Hartmann	Kreisgerichts-Direktor	Habelschwerdt.

Nr.	Name.	Stand.	Wohnort.
369	Hartmeyer	Oberamtsrichter	Calw.
370	Hartung	Bürgermeister	Schandau.
371	Carl Hartung	Senator und Advokat	Waren (Mecklenburg).
372	Hartung	Gerichtsamtmann	Königsbrück.
373	Hartwich	Advokat	Pirna.
374	Dr. Harum	Professor der Rechte	Pesth.
375	Dr. Hase	Appellationsgerichtsrath	Altenburg.
376	Hase	Advokat und Bürgermeister	Schmölln (Altenburg).
377	Haße	Advokat und Notar	Chemnitz.
378	Dr. Gustav Haubold	Rechtsanwalt	Leipzig.
379	Dr. Hauschild	Landesadvokat	Prag.
380	Hauschteck	Staatsanwalt	Stralsund.
381	Haushalter	Rechtsanwalt	Wernigerode.
382	Havemann	Advokat	Grabow (Mecklenburg-Schwerin).
383	Hay	Rechtsanwalt	Insterburg.
384	Hayn	Justizrath, Rechtsanwalt	Breslau, Ring 19.
385	Hebting	Amtmann	Schönau.
386	Dr. Heffter	Geh. Ober-Tribunalsrath u. Professor	Berlin, Leipziger Pl. 19.
387	Hegelmaier	Oberamtsrichter	Geislingen.
388	Heidenreich	Erster Bibliothekar des Ober-Tribunals	Berlin.
389	Heidsieck	Rechtsanwalt	Rahden (R.-B. Minden).
390	Heilborn	Stadtrichter	Berlin, Bendlerstr. 23.
391	v. Heiligenstein	Hofgerichts-Referendar	Bruchsal.
392	Heimbrod	Kreisgerichts-Direktor	Rybnick.
393	Dr. Heimsoeth	Geh. Ober-Justizrath und Präsident	Cöln.
394	Heinsius	Kammergerichts-Referendar	Berlin, Bernburgerstr. 3.
395	Heintze	Justizrath, Rechtsanwalt	Frankfurt a. O.
396	Heinze	Staatsanwalt	Dresden.
397	Heinzel	Justizrath, Rechtsanwalt	Bunzlau (Schlesien).
398	Held	Staatsanwalt	Dresden.
399	Heldmann	Rechtsanwalt	Detmold.

Nr.	Name.	Stand.	Wohnort.
400	Helfer	Advokat	Leipzig.
401	Dr. Heller	Professor	Wien.
402	Hellmann	Bezirksgerichtsrath	Hof (Bayern).
403	Hempel	Justizrath, Rechtsanwalt	Weißenfels.
404	Dr. Henle	Advokat	München.
405	Hensel	Bezirksgerichts-Direktor	Budissin.
406	Dr. Herbst	Professor	Prag.
407	Hermann	Rechtsanwalt	Dresden.
408	Hermanni	Stadtgerichtsrath	Berlin, Louisenstr. 25.
409	Herms	Gerichts-Assessor	Freienwalde a. O.
410	Dr. Herrmann	Advokat	München.
411	Herrmann I.	Gerichts-Assessor	Berlin, N. Friedrichstr. 45.
412	Dr. Hertel	Bürgermeister	Dresden.
413	Herz	Stadtgerichtsrath	Berlin.
414	Herzfeld	Rechtsanwalt	Insterburg.
415	Herzfeld	Rechtsanwalt	Sprottau.
416	Heß	Ober-Justizprokurator	Ulm.
417	Heß	Kreisgerichtsrath	Glatz.
418	Dr. Hesse	Advokat	Dresden.
419	Hetzer	Auditor	Hildesheim.
420	Heubner	Advokat	Zwickau.
421	Heucke	Advokat	Parchim.
422	Dr. Heydemann	Geh. Justizrath und Prof.	Berlin.
423	Heydenreich	Rechtsanwalt	Dresden.
424	Heydweiller	Amtsrichter	Offenburg.
425	Dr. Hierl	Bezirksgerichts-Assessor	München, Nymphenburgstraße 34.
426	Hiersemenzel	Stadtrichter	Berlin, Schönebergerstraße 26.
427	Hildebrandt	Hofgerichtsrath	Bruchsal.
428	Hillmar	Justizrath, Rechtsanwalt	Cöslin.
429	Hilse I.	Kammergerichts-Referendar	Berlin, Linienstr. 132.
430	Dr. Hilse II.	Kammergerichts-Auskultator	Berlin, Linienstr. 131./2.
431	Hinrichs	Kreisrichter	Halle a. S.
432	Dr. Hinschius	Justizrath und Rechtsanwalt	Berlin, Burgstr. 16.

Nr.	Name.	Stand.	Wohnort.
433	Höfer	Gerichtsamtsaktuar	Grünhein.
434	Höffner	Rechtsanwalt	Nossen.
435	Hölder	Rechtskonsulent	Stuttgart.
436	Höniger	Gerichts-Assessor	Berlin, Alexanderstr. 44.
437	Dr. Höpner	Ober-Tribunalsrath	Berlin, Leipziger Pl. 1 a.
438	Dr. Höpner	Geh. Justizrath	Frankfurt a. O.
439	Hörner	Ober-Justizrath	Eßlingen.
440	Dr. Hösler	Advokat	Leipzig.
441	Hoffmann	Kreisgerichtsrath	Graudenz.
442	Hohnhorst	Rechtsanwalt	Oppeln.
443	v. Holleben	Ober-Tribunalsrath	Berlin, Anhaltische Communikation 7.
444	Holthoff	Rechtsanwalt	Berlin.
445	Dr. F. von Holtzendorff	Professor	Berlin.
446	v. Holtzendorff	Ober-Staatsanwalt	Gotha.
447	Frhr. v. Holzschuher	Ober-Justizrath	Stuttgart.
448	Horn	Kreisgerichts-Direktor und Ober-Landesgerichtsrath	Naumburg a. S.
449	Paul Horn	Justizkanzlei-Registrator und Advokat	Neustrelitz.
450	Hornbostel	Regierungsrath und vortrag. Rath im Staats-Minist.	Gotha.
451	Horst	Justizrath und Rechtsanwalt	Breslau.
452	Dr. Horwitz	Rechtsanwalt	Grüneberg.
453	Dr. Hotho	Professor und Direktor des Kgl. Kupferstich-Museums	Berlin.
454	Hoyer	Direktor der Strafanstalten	Vechta (Großherzogthum Oldenburg).
455	Huber	Ober-Justizrath	Ulm.
456	Huck	Kreisrichter	Zehden.
457	Hübener	Stadtgerichts-Direktor	Berlin, Grabenstr. 34.
458	Hünich	Advokat	Dresden.
459	Humbert	Stadtgerichtsrath	Berlin, Thiergartenst. 10.
460	Hundrich	Rechtsanwalt	Waldenburg (Ob.-Schl.).

Nr.	Name.	Stand.	Wohnort.
461	Dr. v. Huze	Hof- und Gerichts-Advokat	Wien.
462	Jacobi	Rechtsanwalt	Grimma.
463	Jacobi	Kammergerichtsrath	Berlin.
464	Dr. Jäger	Rechtsanwalt	Nürnberg.
465	Jahn	Gerichtsamtsaktuar	Brand bei Freiberg.
466	Jancke	Direktor der Ger.-Deputation	Rathenow
467	Dr. jur. Jannasch	Ober-Bürgermeister a. D.	Dresden.
468	Jaques	Ober-Appellationsrath	Celle.
469	Dr. Jaques	Verwaltungsrath der Handels-Akademie	Wien.
470	Jaspis	Bezirksgerichtsaktuar	Bautzen.
471	Jeiseck	Appellationsgerichtsrath	Posen.
472	Jensen	Kreisrichter	Charlottenburg.
473	Jenthe	Rechtsanwalt	Falkenberg (Ober-Schl.).
474	Dr. Jentsch	Rechtsanwalt	Zittau.
475	Jeschke	Gerichts-Assessor	Halberstadt.
476	Jester	Justizrath, Rechtsanwalt	Königsberg i. Pr.
477	Dr. Jhering	Geh. Justizrath, Professor	Gießen.
478	Joël	Rechtsanwalt	Greiffenberg (Schlesien).
479	Dr. Jolly	Regierungsrath	Carlsruhe.
480	Th. Jonas	Appellationsgerichtsrath	Frankfurt a. O.
481	Jordan	Rechtsanwalt	Ragnit.
482	Dr. Joseph	Rechtsanwalt	Leipzig.
483	Jßmer	Justizrath, Rechtsanwalt am Ober-Tribunal	Berlin, Friedrichstr. 18.
484	Judeich	Advokat	Dresden, Moritzstr. 9.
485	Jung	Geh. Justizrath, Rechtsanwalt am Ober-Tribunal	Berlin, Schifferstr. 7.
486	Jungwirth	Rechtsanwalt	Magdeburg.
487	Just	Justizrath, Rechtsanwalt	Neu-Stettin.
488	Kärcher	Amtsrichter	Rastatt.
489	Kamm	Amtsrichter	Pforzheim.
490	Kanngießer	Ober-Staatsanwalt	Greifswald.
491	Karlowa	Auditeur	Bonn.
492	Karrig	Bürgermeister u. Stadtrichter	Kröpelin (Mecklenburg).

Nr.	Name.	Stand.	Wohnort.
493	Dr. Karsten	Kanzlei-Advokat	Rostock.
494	Keibel	Gerichts-Assessor	Berlin, Stralauerstr. 52.
495	Kelch	Rechtsanwalt	Potsdam.
496	Dr. Keller	Ober-Landesgerichtsrath	Wien, Stadt 72.
497	Keller	Hof- und Appellationsgerichts-Prokurator	Dillenburg (Nassau).
498	Kempe	Rechtsanwalt	Stargardt (Pommern).
499	Dr. Edler von Kerstorf	Hofrath, Advokat	Augsburg.
500	Keßler	Staatsanwalt	Burg (bei Magdeburg).
501	Frhr. v. Keudell	Regierungs-Assessor	Breslau.
502	Dr. Kieber	Rechtsanwalt	Dresden.
503	Dr. Ritter von Kindinger	Gerichtsadjunkt	Wien (St. Schottenhof).
504	Dr. Kircher	Rechtsanw. und Regierungs-Fiskal	Meiningen.
505	Dr. Kistemaker	Obergerichtsanwalt	Meppen.
506	Dr. C. E. Ritter von Kißling	Landesadvokat	Scheerding (Oesterreich).
507	v. Kitzing	Appellationsgerichtsrath	Münster.
508	Dr. Klauhold	Staatsanwalt a. D.	Hamburg.
509	Klehe	Hofgerichtsrath	Mannheim.
510	Kleine	Regierungs-Assessor	Breslau.
511	Kleinschmidt	Rechtsanwalt	Leipzig.
512	Klemm	Appellationsrath	Dresden.
513	Klemm	Justizrath u. Ministerialrath	Dresden.
514	Dr. Klier	Landesadvokat	Tetschen.
515	Klimowicz	Rechtsanwalt	Königsberg i. Pr.
516	Klinger	Rechtsanwalt	Dresden.
517	Klinkmüller	Kreisgerichtsrath	Luckau.
518	Klitzing	Advokat	Parchim.
519	Klotz	Kreisgerichtsrath	Berlin, Schöneberger-straße 27.
520	Knauer	Rechtsanwalt und Notar	Gotha.
521	Knauth	Kreisgerichtsrath	Merseburg.

Nr.	Name.	Stand.	Wohnort.
522	Kneusel	Rechtsanwalt	Ratibor.
523	Kneusel	Kreisrichter	Cosel.
524	Knittel	Obergerichts-Vice-Präsident	Wolfenbüttel.
525	Knor	Kreisgerichtsrath	Lützen.
526	Knorr	Rechtsanwalt	Culm (Preußen).
527	Dr. Koch	Assessor und Redakteur der Zeitung des Vereins Deutscher Eisenbahn-Verwalt.	Leipzig.
528	Theodor Koch	Advokat	Buchholz.
529	Koch	Kreisgerichts-Direktor	Rothenburg O.-L.
530	Koch	Staatsanwalt	Trebnitz.
531	Koch	Stadtrichter	Danzig.
532	Kochann	Stadtgerichtsrath	Berlin, Hollmannsstr. 20.
533	v. Kölichen	Kreisrichter	Rothenburg a. d. N.
534	Köllner	Obergerichtsanwalt	Verden.
535	König	Justizrath, Advokatanwalt	Cleve.
536	König	Rechtsanwalt	Leobschütz.
537	Köpp	Obergerichts-Prokurator	Wolfenbüttel.
538	Körner	Geh. Rath und Dep.-Direktor i. K. Sächs. Min. d. Innern	Dresden.
539	Körner	Rechtsanwalt	Auerbach (Voigtland).
540	Köstlin	Ober-Justizrath	Stuttgart.
541	Köttig	Rechtsanwalt	Meißen.
542	Koffka	Rechtsanwalt	Frankfurt a. O.
543	Kohleis	Kreisrichter	Ostrowo.
544	Kohlhaas	Ober-Justiz-Assessor	Stuttgart.
545	Kohli	Kreisrichter	Wolfenbüttel.
546	Kohlschütter	Rechtsanwalt	Dresden.
547	Dr. jur. Kokoschinegg	Auskultant	Marburg (Steiermark).
548	Kolbe	Rechtsanwalt und Notar	Crossen a. O.
549	Kolk	Kreisgerichtsrath	Berlin, Bernburgerst. 31.
550	Dr. Josef Kopp	Advokat	Wien.
551	Korb	Rechtsanwalt	Breslau, Junkerstr. 31.
552	Koreff	Doktor der Rechte	Prag.

Nr.	Name.	Stand.	Wohnort.
553	Korn	Gerichts-Assessor	Quedlinburg.
554	Kortenbeit'l	Kreisrichter	Templin.
555	Kortum	Gerichts-Assessor	Halberstadt.
556	Kosegarten	Appellationsger.-Referendar	Halberstadt.
557	Kosmann	Ober-Tribunalsrath	Berlin, Potsdamerst. 82.
558	H. Krämer	Advokat	Karlsruhe.
559	v. Kräwel	Appellationsgerichtsrath	Naumburg a. S.
560	Dr. Krafft	Advokat	Nürnberg.
561	Kramer	Justizrath, Advokatanwalt	Düsseldorf.
562	Krauß	Ober-Tribunalsrath	Stuttgart.
563	Kraut	Hofrath und Professor	Göttingen.
564	Krech	Gerichts-Assessor	Berlin, Friedrichsstr. 126.
565	Kremkow	Rechtsanwalt	Gleiwitz.
566	Kremnitz	Justizrath, Rechtsanwalt	Berlin, Wallstr. 7.
567	Kretschmann	Rechtsanwalt	Burg (bei Magdeburg).
568	Kretschmar	Advokat	Lichtenstein (Sachsen).
569	Dr. Kretschmar	Rechtsanwalt	Leipzig.
570	Kretschmar	Rechtsanwalt	Großenhain.
571	Kretschmar	Rechtsanwalt	Dresden.
572	Krippendorf	Rechtsanwalt	Dresden.
573	v. Kronmüller	Ober-Tribunalsrath	Stuttgart.
574	Krüger	Advokat	Rostock.
575	Krüger	Stadtrichter	Berlin, Ritterstr. 23.
576	Krüger	Gerichtsaktuar und Richter	Zittau.
577	Dr. Krug	Geh. Justizrath u. vortrag. Rath i. Justiz-Ministerium	Dresden.
578	Krug	Appellationsgerichtsrath	Naumburg a. S.
579	Herrm. Kühn	Rechtsanwalt	Leipzig.
580	Kühn	Justizrath, Rechtsanwalt	Pyritz.
581	Kühnas	Kreisrichter	Torgau
582	Kühne	Kreisgerichtsrath, Mitglied der Gesetz-Revis.-Kommis.	Berlin, Köthenerstr. 17.
583	Kühne	Kreisrichter	Prettin bei Torgau.
584	Kühnemann	Geh. Finanzrath und Haupt-Bank-Justitiar	Berlin.

Nr.	Name.	Stand.	Wohnort.
585	Dr. Kühns	Privatdozent	Berlin, Köthenerstr. 17.
586	Künzel	Regierungsrath im Minist. des Innern	Dresden.
587	Küttner	Finanzprokurator, Rechtsanw.	Dresden.
588	Küttner	Appellationsgerichtsrath	Posen.
589	Albert Kuhn	Rechtsanwalt	Dresden.
590	Moritz Kuhn	Rechtsanwalt	Dresden.
591	Kuhr	Kreisrichter	Grottkau.
592	Dr. Kulenkamp	Ober-Appellations- und Niedergerichts-Prokurator	Lübeck.
593	Kummert	Appellationsger.-Referendar	Gardelegen.
594	v. Kunowsky	Kreisgerichts-Direktor	Beuthen (Ober-Schles.).
595	Dr. Kuntze	Professor	Leipzig.
596	Kuntze	Stadtrath	Meerane.
597	Kuntzsch	Advokat	Chemnitz.
598	Kurlbaum	Stadt- und Kreisrichter	Magdeburg.
599	Kurlbaum	Kreisrichter	Zossen.
600	Kusel	Obergerichtsanwalt	Bruchsal.
601	Kuwert	Rechtsanwalt	Kaukehmen.
602	Lacoste	Hofgerichsrath	Bruchsal.
603	Dr. Ladenburg	Obergerichts-Advokat	Mannheim.
604	Lambrecht	Kreisgerichtsrath	Lobsens.
605	Lamm	Gerichtsrath	Bautzen.
606	Landgraff	Rechtskandidat und verpflichteter Protokollant	Löbau.
607	Landwehr	Notar	Cöln.
608	Langbein	Rechtsanwalt und Notar	Wurzen.
609	Lange	Advokat	Rostock.
610	Langhans	Ober-Appellationsrath	Wiesbaden.
611	Lasker	Gerichts-Assessor	Berlin, Friedrichsstr. 87.
612	Laué	Gerichts-Assessor	Berlin, Jerusalemerst. 34.
613	Lauenstein	Obergerichtsanwalt	Lüneburg.
614	Lauhn	Advokat	Dresden, Liliengasse 13.
615	Lauhn	Advokatur-Kandidat	Leipzig.
616	Lauhn	Staatsanwalt	Naumburg a. S.

Nr.	Name.	Stand.	Wohnort.
617	Leonh. Lehfeldt	Kammergerichts-Referendar	Berlin, Kronenstr. 12/13.
618	Lehmann	Advokatanwalt	Cöln.
619	E. Lehmann	Notar	Dresden.
620	Lehmann	Doktor der Rechte	Leipzig.
621	Dr. Leidesdorf	Advokat	Wien, Stadt 850.
622	Leißring	Appellationsger.-Referendar	Halle a. S.
623	Leist	Hofrath und Professor	Jena.
624	Lengnick	Rechtsanwalt und Notar	Dresden.
625	Lent	Rechtsanwalt	Breslau.
626	Dr. Lenz	Hof- und Gerichtsadvokat	Wien, Stadt 613.
627	Lenz	Rechtsanwalt	Greifswald.
628	Dr. Leo	Advokat	Hamburg.
620	Leonhard	Rechtsanwalt	Beuthen (Ober-Schles.).
630	Leonhard	Rechtsanwalt	Grüneberg.
631	Lepsius	Appellationsgerichtsrath	Naumburg a. S.
632	Leske	Staatsanwalt	Schneidemühl.
633	Dr. Lette	Präsident des Revis.-Colleg. für Landeskultursachen	Berlin, Linksstr. 43.
634	Leupold	Rechtsanwalt	Dresden.
635	Graf v. Leutrum	Staatsrath	Stuttgart.
636	Levinger	Advokat	Karlsruhe.
637	Lewald	Rechtsanwalt	Berlin, Kurstr. 51.
638	Lewald	Stadt- und Kreisrichter	Danzig, Holzmarkt 1.
639	Lezius	Rechtsanwalt	Cöthen.
640	Liebert	Justizrath, Rechtsanwalt	Danzig.
641	Dr. Liebich	Kriminalrath	Lobenstein.
642	Liebmann	Stadtgerichtsrath	Berlin, Leipzigerstr. 17.
643	Liman	Stadtgerichtsrath	Berlin, Leipziger Pl. 12.
644	Lincke	Gerichtsrath	Pirna.
645	Linckelmann	Obergerichtsanwalt	Hannover.
646	Dr. v. Lindelof	Justizminister	Darmstadt.
647	Lindemann	Rechtsanwalt	Habelschwerdt (Schles.).
648	Lindner	Kreisrichter	Behrend bei Danzig.
649	Lindner	Advokat	Nürnberg.
650	Lipke	Rechtsanwalt	Schwetz.

Nr.	Name.	Stand.	Wohnort.
651	Graf zur Lippe	Justiz-Minister	Berlin.
652	Lippold	Advokat	Altenburg.
653	Litzkendorf	Gerichtsamtmann	Löbau.
654	Löper	Rechtsanwalt	Wittenberg (Dep. Naumburg).
655	v. Löper	Justizrath	Berlin, Kochstr. 58.
656	Löwenberg	Kammergerichts-Auskultator	Berlin, Bellevuestr. 14.
657	Loreck	Rechtsanwalt	Heiligenstadt.
658	Lorenz	Finanzprokurator u. Rechtsanwalt	Großenhain.
659	Lorenz	Rechtsanwalt	Zwickau.
660	v. Lossow	Staatsanwalt	Wreschen.
661	Dr. Louis	Kreisgerichtsrath	Berlin, Victoriastr. 32.
662	v. Luck	Staatsanwalt	Potsdam.
663	Lucius	Geh. Regierungsrath und Bezirksgerichts-Direktor	Leipzig.
664	Dr. Ludwig	Advokat	Dannenberg.
665	Lücke	Rechtsanwalt	Zittau.
666	Lüdicke	Justizrath, Rechtsanwalt	Berlin, Kronenstr. 28.
667	G. Lührsen	Doktor der Rechte	Hamburg.
668	Dr. Lürmann	Senator	Bremen.
669	Maaß	Stadtgerichtsrath	Berlin, Neuenburgerst. 24.
670	Macco	Rechtsanwalt	Siegen.
671	Mack	Kronanwalt	Verden.
672	Makower	Gerichts-Assessor	Berlin, Behrenstr. 5.
673	Mallison	Rechtsanwalt	Carthaus (Westpreußen).
674	Dr. Malß	Rechtsanwalt	Frankfurt a. M.
675	Dr. Mann	Syndikus	Rostock.
676	Dr. Martin	Justizamtmann	Kreuzburg (Sachsen-Weimar).
677	Martins	Landgerichtsrath	Elberfeld.
678	Martins	Stadtrath	Görlitz.
679	Martiny	Rechtsanwalt	Kaukehmen.
680	Maß	Appellationsger.-Auskultator	Anclam.
681	Matteis	Kriminal-Assessor	Wurzen.

Nr.	Name.	Stand.	Wohnort.
682	Maurer	Staatsanwalt-Substitut	Gießen.
683	Dr. Mayersohn	Rechtsanwalt	Aschaffenburg.
684	Mayet	Justizrath, Rechtsanwalt	Berlin, Werderschen Markt 4.
685	Mays	Hofgerichtsrath und Staatsanwalt	Mannheim.
686	Mehner	Assessor	Radeberg bei Dresden.
687	Meibauer	Kreisrichter	Schivelbein.
688	v. Meibohm	Geh. Justizrath	Berlin.
689	Meier	Geh. Justiz- und vortr. Rath im Justiz-Ministerium	Berlin, Eichhornstr. 1.
690	Meischeider	Kreisrichter	Liegnitz.
691	Dr. Meischner	Rechtsanwalt und Notar	Penig.
692	Meißner	Kreisgerichts-Direktor und Oberlandesgerichtsrath	Quedlinburg.
693	Meltzer	Bürgermeister und Advokat	Frankenberg.
694	Mencke	Appellationsrath	Oldenburg.
695	Dr. Hugo Mentz	Professor	Bern.
696	Metz	Kreisgerichtsrath	Brandenburg a. H.
697	v. Metzsch	Assessor	Bautzen.
698	v. Metzsch	Gerichtsamtsaktuar	Penig.
699	Meyen	Staatsanwalt	Berlin, Charlottenstr. 97.
700	Dr. Meyer	Bezirksgerichts-Assessor	München (l. d. Isar).
701	Meyer	Rechtskonsulent	Reutlingen.
702	Meyer	Ober-Tribunalsrath	Berlin, Schellingstr. 5.
703	H. Meyer	Rechtsanwalt	Insterburg.
704	Siegm. Meyer	Gerichts-Assessor	Berlin.
705	Meyn	Rechtsanwalt	Berlin, Brüderstr. 2.
706	Michaelis	Kreisrichter	Worbis.
707	Mier	Rechtsanwalt	Neustadt (Ober-Schles.).
708	Miller	Rechtsanwalt und Notar	Dresden.
709	Dr. jur. Minckwitz	Rittergutsbesitzer	Thun bei Chemnitz.
710	Dr. Minet	Legationsrath	Karlsruhe.
711	Minsberg	Rechtsanwalt	Bunzlau (Schlesien).
712	Dr. Mirus sen.	Rechtsanwalt	Leisnig.

Nr.	Name.	Stand.	Wohnort.
713	Dr. Mirus jun.	Rechtsanwalt	Leisnig.
714	Mitscher	Kammergerichts-Referendar	Berlin, Mühlenst. 59/60.
715	Dr. Mittermaier	Geh. Rath u. Professor	Heidelberg.
716	Model	Stadtgerichtsrath	Berlin.
717	Molitor	Ober-Appellationsgerichts-Direktor	München.
718	Dr. Mommsen	Professor, Mitglied der Akademie der Wissenschaften	Berlin, Neuenburgerstraße 31.
719	Moritz	Rechtsanwalt	Magdeburg.
720	Moßner	Rechtsanwalt	Luckenwalde.
721	v. Mücke	Bezirksgerichts-Direktor	Zittau.
722	Mühlbach	Kreisgerichtsrath	Stargard (Pommern).
723	von u. zur Mühlen	Wirkl. Geh. Ober-Justizrath	Berlin.
724	Mühlenbeck	Oberlandesgerichts-Assessor a. D. u. Gutsbesitzer	Großwachlin bei Stargard in Pommern.
725	Dr. v. Mühlfeld	Hof u. Gerichtsadvokat	Wien, Stadt 622.
726	v. Müller	Kreisgerichtsrath	Rothenburg (Dep. Glogau).
727	Müller	Kreisgerichtsrath	Bromberg.
728	Müller	Staatsanwalt	Berlin.
729	Müller	Amtsrichter	Schopfheim im Badischen Wiesenthale.
730	Müller	Advokat	Leipzig.
731	B. Müller	Kreisgerichts-Direktor	Birnbaum.
732	Gust. Müller	Appellationsgerichtsrath	Glogau.
733	Müller	Bezirksdirektor	Neustadt a. O. (Weimar).
734	Müller	Advokat, Stadtrichter	Fürstenberg (Mecklenb.).
735	C. H. Müller	Advokat u. Notar	Rostock.
736	Frhr. v. Mulzer	Justiz-Minister	München.
737	Nake	Rechtsanwalt und Notar	Dresden.
738	Dr. Naumann I	Ober-Appellationsgerichts-Anwalt	Celle.
739	Naumann II	Advokat	Celle.
740	Dr. L. Naumann I	Obergerichtsanwalt	Hameln.
741	Nebenius	Oberamtsrichter	Karlsruhe.

Nr.	Name.	Stand.	Wohnort.
742	zur Nedden	Staatsanwalt	Bochum.
743	Neidhardt	Bezirksgerichts-Direktor	Zwickau.
744	Nessel	Staatsanwalt	Breslau.
745	Neubert	Bürgermeister	Dresden.
746	Neumann	Kreisgerichtsrath	Brandenburg a. H.
747	Dr. Neumeister	Advokaturs-Kandidat u. Vertheidiger in Strafsachen	Wien.
748	Dr. Neußer	Landesadvokat	Freiwaldau (Oesterreich).
749	Niedt	Rechtsanwalt	Labiau.
750	Niemand	Kirchspielvogt	Büsum im Dithmerschen (Holstein).
751	Niewandt	Justizrath, Rechtsanwalt	Weißenfels.
752	Dr. Nißen	Privatdozent	Leipzig.
753	Nitzsch	Advokat	Kiel.
754	Noah	Geh. Ober-Regierungs- und vortr. Rath i. Ministerium des Innern	Berlin.
755	Dr. Noël	Advokat	München.
756	Noltemeier	Advokat und Notar	Peina.
757	v. Nordenskjöld	Stadtgerichtsrath	Berlin.
758	Dr. Northoff	Obergerichtsanwalt	Hildesheim.
759	Noßki	Appellationsrath	Dresden.
760	Oberkampff	Rechtsanwalt	Tilsit.
761	Leop. Oberländer	Bürgermeister u. Hofadvokat	Coburg.
762	Ochernal	Rechtsanwalt	Dippoldiswalde.
763	Odebrecht	Geh. Justizrath, Kreisger.-Dir.	Berlin.
764	Oehl	Rechtsanwalt	Willingen.
765	Oehme	Rechtsanwalt	Annaberg.
766	Oehr	Rechtsanwalt	Gleiwitz.
767	Oelschläger	Staatsanwaltsgehülfe	Schwetz.
768	Oelzen	Kreisgerichtsrath	Merseburg.
769	Oertel	Rechtskandidat und Notar	Radeberg.
770	Oesterlen	Rechtskonsulent	Stuttgart.
771	Opitz	Finanzprokurator u. Rechtsanwalt	Dresden.

Nr.	Name.	Stand.	Wohnort.
772	Opitz	Reg.-Assessor u. Spec.-Commissar der Gen.-Commiss. zu Merseburg	Cölleda (Reg.-Bez. Merseburg).
773	Oppenheim	Stadtgerichtsrath	Berlin, Behrenstr. 67.
774	Orb	Rechtsanwalt und Notar	Königsstein.
775	Orlop	Rechtsanwalt	Halberstadt.
776	Orthmann	Ober-Staatsanwalt	Cöslin.
777	v. Oszowski	Stadtgerichtsrath	Berlin, Linksstr. 11.
778	Oswald	Rechtsanwalt	Borna.
779	Dr. Osterloh	Professor	Leipzig.
780	Ottendorf	Hofgerichtsrath	Bruchsal.
781	von Otto	Kais. Russ. Wirkl. Staatsrath und Professor emer.	Dresden.
782	Dr. A. Otto	Rechtskonsulent	Heilbronn.
783	Palmié	Kreisgerichtsrath	Halberstadt.
784	Panse	Rechtsanwalt	Cölleda (Reg.-Bez. Merseburg).
785	v. Pape	Ober-Appellationsgerichts-Vice-Präsident	Celle.
786	Dr. Pappermann	Rechtsanwalt	Dresden.
787	Pappritz	Stadtrichter	Berlin, Matthieustr. 2.
788	L. Parisius	Kreisrichter	Gardelegen.
789	Parrisius	Kreisgerichtsrath	Brandenburg a. H.
790	v. Patow	Staats- und Finanz-Minister a. D.	Berlin.
791	Petermann	Advokat	Neu-Strelitz (Mecklenb.).
792	Petermann	Bacc. jur.	Dresden.
793	Peters	Rechtsanwalt	Wittenberg (Dep. Naumburg).
794	Peters	Obergerichtsanwalt	Cassel.
795	Petersen	Rechtsanwalt	Breslau.
796	Petersen	Appellationsgerichts-Direktor	München.
797	Petersen	Rechtskandidat	Landau.
798	Petiscus	Rechtsanwalt	Oels.
799	v. Petrikowsky	Gerichtsamtmann	Werdau.

Nr.	Name.	Stand.	Wohnort.
800	Petsch	Gerichtsrath	Löbau.
801	Petsch	Gerichts-Assessor	Berlin, Grenadierstr. 26.
802	Pezenburg	Rechtsanwalt	Frankfurt a. O.
803	Dr. Pfeiffer	Professor	Tübingen.
804	Dr. Pfeiffer	Advokat	Bremen.
805	Pfeiffer	Amtsrichter	Gengenbach.
806	Pfleßer	Kreisgerichtsrath	Görlitz.
807	Pfotenhauer	Ober-Bürgermeister	Dresden.
808	Philippi	Landgerichts-Präsident	Elberfeld.
809	Pietsch	Bezirksgerichts-Direktor	Pirna.
810	Pietzker	Justizrath, Rechtsanwalt	Naumburg a. S.
811	Dr. Pilling	Advokat	Dresden.
812	Pinckert	Justizrath, Rechtsanwalt	Erfurt.
813	v. Piper	Kreisgerichtsrath	Wrietzen.
814	Dr. Pisko	Redakteur der Gerichtshalle	Wien.
815	Pitzschky	Justizrath, Rechtsanwalt	Stettin.
816	Dr. Planck	Professor	Kiel.
817	Planck	Obergerichts-Assessor a. D.	Göttingen.
818	Plathner	Kammergerichtsrath	Berlin, Friedrichsstr. 16.
819	Plathner	Justizrath, Rechtsanwalt	Breslau.
820	Plato	Rechtsanwalt	Colberg.
821	Dr. Pleßing	Advokat	Lübeck.
822	Plettuer	Stadtrichter	Friedland (Mecklb.-Str.).
823	Dr. Plitt	Richter	Lübeck.
824	Pohl	Rechtsanwalt	Frohburg.
825	Dr. Polaczek	Landes-Advokat	Reichenberg (Böhmen.)
826	Pohlandt	Kreisgerichtsrath	Spandau.
827	Pohle	Magistrats-Gerichts-Direktor u. Syndikus	Schwerin (Mecklenburg).
828	Pohle	Rechtsanwalt	Guben.
829	Polenz	Rechtsanwalt	Naumburg a. S.
830	Frh. v. Pratobevera	Justiz-Minister	Wien.
831	Dr. Preisenhammer	Advokatur-Kandidat	Brünn.
832	Preller	Rechtsanwalt u. Notar	Chemnitz.
833	Primker	Stadtrichter	Breslau.

Nr.	Name.	Stand.	Wohnort.
834	Probst	Rechtskonsulent	Stuttgart.
835	Dr. Puchelt	Hofgerichtsrath	Bruchsal.
836	Pudor	Kammergerichts-Referendar	Berlin, Schönhauser Allee 134.
837	Pündter	Landgerichts-Assessor	Eschenbach (Bayern).
838	Dr. Pütter	Professor	Greifswald.
839	v. Puttkammer	Gerichts-Assessor	Frankfurt a. O.
840	Quenzel	Gerichtsamts-Assessor	Schneeberg.
841	v. Radecke	Staatsanwalt	Torgau.
842	Rahn	Kreisrichter	Glatz.
843	Raht	Prokurator	Weilburg (Nassau).
844	Dr. Raudnitz	Advokatur-Kandidat	Prag.
845	Dr. Reatz	Privat-Dozent	Gießen.
846	Recken	Amtmann	Wallmerod (Nassau).
847	Ree	Obergerichtsanwalt	Bruchsal.
848	de Rège	Geh. Ober-Justizrath, Appellationsgerichts-Präsident	Posen.
849	Alfred Regner von Bleyleben	Professor	Brünn.
850	Reich	Kreisgerichtsrath	Stettin.
851	Reichardt	Ober-Amtsrichter	Ulm.
852	Reimers	Justitiar	Wandsbeck.
853	Reincke	Kreisrichter	Regenwalde.
854	Reinhardt	Hofgerichtsrath	Mannheim.
855	Dr. Renger	Landesadvokat u. Notar	Tetschen a. E.
856	v. Reuß	Gerichtsaktuar	Geilsdorf (Württemberg).
857	Rhamm	Staatsanwalt	Wolfenbüttel.
858	Rheder	Klostersyndikus	Preetz (Holstein).
859	Ribbeck	Geh. Regierungs- u. vortr. Rath im Minist. d. Inn.	Berlin, Schellingstr. 15.
860	Ribbentropp	Landgerichtsrath	Posen.
861	Frhr. v. Richthofen	Stadtrichter	Breslau.
862	Riedel	Rechtsanwalt	Pomßen bei Grimma.
863	Paul Rieß	Gerichts-Assessor	Berlin, Neue Prom. 1.
864	Dr. Rießer	Obergerichtsrath	Hamburg.

Nr.	Name.	Stand.	Wohnort.
865	Rittler	Rechtsanwalt	Torgau.
866	A. Rivier	Doktor der Rechte	Berlin, U. d. Linden 33.
867	Dr. Rizy	Sektionschef im Justiz-Min.	Wien.
868	Röber	Kreisrichter	Lindow.
869	Dr. Röder	Gerichts-Assessor	Dortmund.
870	Romberg	Gerichts-Assessor	Berlin.
871	Romeiß	Rechtsanwalt	Sangerhausen.
872	Rommel	Gerichts-Assessor	Trier.
873	Roscher	Ober-Appellationsrath	Celle.
874	Dr. Rosen	Obergerichtsrath	Detmold.
875	Rosenhagen	Advokat	Wandsbeck.
876	Rosenkranz	Justizrath, Rechtsanwalt	Bromberg.
877	Dr. Rossi	Landes-Advokat	Iglau (Mähren.)
878	Dr. F. Roßhirt	Oberhofgerichtsrath	Mannheim.
879	Roßtäuscher	Staatsanwalt	Bautzen.
880	v. Rotteck	Ober-Amtsrichter	Emmendingen.
881	Dr. Rubo	Kammergerichts-Referendar	Berlin, Potsdamerst. 139.
882	Rubo	Doktor der Rechte	Berlin, Potsdamerst. 139.
883	Rudolph	Kreisrichter	Märkisch Friedland.
884	Rüger	Bürgermeister, Advokat	Dippoldiswalde.
885	Dr. Ruhwandl	Advokat	München.
886	Rumpelt	Staatsanwalt	Löbau (Sachsen).
887	Rumpelt	Rechtsanwalt	Radeberg.
888	Runde	Advokatanwalt	Wolfenbüttel.
889	Runnenberg	Stadtgerichtsrath	Detmold.
890	Ruth	Hofgerichtsrath	Mannheim.
891	Sabarth	Rechtsanwalt	Ratibor.
892	Sachs	Ober-Amtsrichter	Karlsruhe.
893	Sack	Justizrath, Rechtsanwalt	Essen.
894	Sack	Gerichts-Assessor	Bielefeld.
892	Salomonsohn	Gerichts-Assessor	Berlin, Werdermarkt 36.
896	Dr. Sammter	Stadtrath	Posen.
897	Sander	Rechtsanwalt	Arnswalde.
898	Sartorius	Kreisrichter	Angerburg.
899	Sauerteig	Rechtsanwalt	Eilenburg.

Nr.	Name.	Stand.	Wohnort.
900	Schäfer	Stadt- u. Kreisrichter	Wollmirstedt.
901	Schäffer	Advokat	Dresden.
902	Dr. Schaffrath	Rechtsanwalt	Dresden.
903	Schanz	Rechtsanwalt u. Notar	Dresden.
904	Scharff	Kreisgerichtsrath	Jauer (Schlesien).
905	Franz Ritter von Scharschmid	Landesgerichts-Präsident	Wien.
906	Schede	Justizrath, Rechtsanwalt, Universitätsrichter	Halle a. S.
907	Schedlich	Rechtsanwalt	Rochlitz.
908	Schedlich	Rechtsanwalt	Crimitschau.
909	Scheele	Rechtsanwalt	Dresden.
910	Dr. Schelcher	Rechtsanwalt u. Notar	Dresden.
911	Schelcher	Rechtsanwalt	Oschatz.
912	Scheller	Justizrath, Rechtsanwalt	Elbing.
913	Schenck	Hofgerichts-Prokurator	Wiesbaden.
914	Dr. Schenck	Notar	Altenburg.
915	Schepler	Amtmann	Leer.
916	Scheuermann	Amtsrichter	Bonndorf.
917	Scheuffler I.	Rechtsanwalt u. Notar	Meißen.
918	Scheuffler II.	Rechtsanwalt	Meißen.
919	Scheurich	Rechtsanwalt	Crossen.
920	Scheurlen	Ober-Amtsrichter	Mergentheim.
921	Schickert	Bürgermeister	Großenhain.
922	Schiebler	Kreisrichter	Straußberg.
923	v. Schimmelpfennig	Rechtsanwalt	Gerdauen.
924	Dr. Schletter	Professor	Leipzig.
925	Schlieben	Kreisrichter	Stargard i. P.
926	Schlomka	Kreisrichter	Erfurt.
927	Schloß	Staatsanwalt	Korneuburg (Oesterreich).
928	Schlüter	Rechtsanwalt	Witten.
929	Dr. Schmelkes	Landesadvokat	Nikolsburg i. Mähren.
930	Schmid	Rechtsanwalt	Dresden.
931	Dr. Schmidt	Finanzprokurator	Dresden.

Nr.	Name.	Stand.	Wohnort.
932	Schmidt	Geh. Justizr., Rechtsanwalt	Marienwerder.
933	Schmidt	Advokat	Dresden, Landhausstr. 14.
934	Schmidt	Kreisrichter	Hainau (Schlesien).
935	Schmidt	Kammergerichts-Referendar	Berlin, Dorotheenstr. 63.
936	Dr. Schneider	Appellationsger.-Präsident	Dresden.
937	Dr. Schnell	Rechtsanwalt u. Notar	Zittau.
938	Dr. Schönberg	Appellationsger.-Auskultator	Stettin, Louisenstr. 4.
939	Schöneseiffen	Advokat	Gladbach (bei Düsseld.).
940	Schönstedt	Kreisrichter	Seehausen i. d. Altmark.
941	Schörke	Rechtsanwalt	Belgard.
942	Schollmeyer	Kreisrichter	Cremmen.
943	Schreck	Advokat	Pirna.
944	Schröder	Advokat	Bernburg.
945	Schröder	Gerichts-Assessor u. Special-Commissarius	Tarnowitz.
946	Schröter	Rechtsanwalt	Stollberg bei Chemnitz.
947	Schück	Strafanstalts-Direktor	Breslau.
948	Schütz II	Ober-Tribunalsrath	Berlin, Ritterstr. 33.
949	Schütze	Obergerichts-Rath	Wolfenbüttel.
950	Schuhmann	Geh. Regierungsrath	Berlin.
951	Dr. Schulte	Professor	Prag.
952	Schultz	Rechtsanwalt	Wanzleben.
953	Schultze	Kreisrichter	Neuwied.
954	Schultz-Völker	Justizrath, Rechtsanwalt	Bromberg.
955	Schulz	Ober-Staatsanwalt	Wolfenbüttel.
956	Schulz	Gerichts-Assessor	Berlin, Leipzigerstr. 14.
957	Georg Schulz	Notar	Dresden.
958	Schulze	Rechtsanwalt	Spandau.
959	Schuster	Rechtsanwalt	Eisleben.
960	Schwartz	Gerichts-Assessor	Berlin, Mohrenstr. 26.
961	Schwarz	Rechtsanwalt	Berlin, Jüdenstr. 18.
962	Schwarz	Kreisgerichtsrath	Greifswald.
963	Dr. Schwarze	General-Staatsanwalt	Dresden.
964	Schwarzmann	Ministerialrath	Karlsruhe.
965	Schwerin	Kreisrichter	Sommerfeld.

Nr.	Name.	Stand.	Wohnort.
966	Graf v. Schwerin-Putzar	Staats- u. Minist. d. J. a. D.	Berlin.
967	Dr. Frhr. v. Seckendorf	Ober-Tribunalsrath	Berlin, Potsdamerstr. 20.
968	Dr. Seeger	Professor	Tübingen.
969	Seehann	Notar	St. Pölten (Nied.-Oest.).
970	Seemann	Kreisgerichts-Direktor	Spremberg.
971	Segnitz	Rechtsanwalt	Wermsdorf.
972	Sehlmacher	Rechtsanwalt	Pyritz.
973	Dr. Paul Seidels	Dr. jur.	Berlin, Kronenstr. 24.
974	Dr. Senft	Landesgerichts-Adjunkt	Brünn.
975	Serger	Hofgerichtsrath	Mannheim.
976	Severin	Kreisgerichtsrath	Swinemünde.
977	v. Seydewitz	Kreisrichter	Wittenberg.
978	Seyfert	Gerichtsamtmann	Ebersbach (Oberlausitz.)
979	v. Seyfried	Ministerialrath	Karlsruhe.
980	Sick	Ober-Justizrath	Stuttgart.
981	Dr. Siebdrat	Geh. Justizrath und vortr. Rath im Justiz-Minist.	Dresden.
982	Siegel	Rechtsanwalt	Glauchau.
983	Siegert	Gerichts-Assessor	Breslau.
984	Dr. Siegfried	Geh. Justiz- u. Ober-Landesgerichtsrath	Dessau (Anhalt-Dessau).
985	Siemens	Rechtsanwalt a. Ob. Trib.	Berlin, Markgrafenst. 94.
986	Dr. Siemens	Amtsrichter	Hannover.
987	Siemens	Kammerger.-Auskultator.	Berlin.
988	Dr. Sierig	Hülfsarbeiter bei der Staatsanwaltschaft	Leipzig.
989	Dr. Silberschlag	Stadt- u. Kreisrichter	Magdeburg.
990	Simon	Justizrath, Rechtsanwalt	Breslau, Junkerstr. 2.
991	Simon	Kreisrichter	Nauen.
992	Dr. Simonis	Senator	Rostock.
993	Simonis	Advokat	Rostock.
994	Dr. Simons	Justiz-Minister a. D.	Berlin.
995	Simonson	Rechtsanwalt	Berlin, Franz. Str. 33 c.

Nr.	Name.	Stand.	Wohnort.
996	Dr. Simson	Appellationsger.-Vice-Präsident	Frankfurt a. O.
997	Simson	Rechtsanwalt	Berlin, Jägerstr. 23.
998	Dr. Sintenis	Ober-Landesgerichts-Präsid.	Dessau.
999	Slevogt	Justizrath, Rechtsanwalt	Berlin, Mühlendamm 5.
1000	Sönderop	Rechtsanwalt	Stargard (Pommern).
1001	Sommer	Advokat, Justitiar	Bernstadt.
1002	Ludw. Sommer	Advokat	Parchim.
1003	Sommer-Diersen	Senator u. Advokat	Parchim.
1004	Spangenberg	Kammer-Direktor	Carolath.
1005	v. Spangenberg	Kreisgerichtsrath	Bunzlau.
1006	Spickhoff	Advokatanwalt	Düsseldorf.
1007	Spiegelthal	Rechtsanwalt	Calbe a. S.
1008	Dr. Stabel	Staats-Minister der Justiz	Karlsruhe.
1009	Stange	Rechtskonsulent	Dresden.
1010	Staps	Bezirksablösungs-Commissar u. Advokat	Schmölln.
1011	Starke	Gerichtsrath	Leipzig.
1012	Dr. P. Starke	Auditeur	Königstein (Festung).
1013	Stauß	Rechtsanwalt	Dresden.
1014	Dr. Steche	Stadtrichter	Leipzig.
1015	Dr. Jul. Steeger	Advokat	Dresden.
1016	Stegemann	Rechtsanwalt	Halberstadt.
1017	Stegemann	Staatsanwalt	Wriezen.
1018	Stegmann	Referendar	Salder.
1019	Dr. Stein	Rechtsanwalt	Dresden.
1020	Steinbeck	Kreisgerichts-Direktor	Brandenburg a. H.
1021	Steineck	Kreisrichter	Korbach.
1022	Steiner	Landesger.-Adjunkt	Klagenfurt.
1023	Steinhäuser	Rechtsanwalt	Plauen.
1024	Steinhausen	Stadtgerichtsrath	Berlin.
1025	Stelzer	Rechtsanwalt	Torgau.
1026	Stemann	Advokat	Segeberg.
1027	Stephany	Stadtgerichtsrath	Berlin.
1028	Frh. v. Sternenfels	Ober-Tribunalsrath	Stuttgart.

Nr.	Name.	Stand.	Wohnort.
1029	Frh. E. v. Sternenfels	Justiz-Referendar	Stuttgart.
1030	Dr. Stieber	Appellationsgerichts-Vice-Präsident	Bautzen.
1031	Stieffel	Gerichts-Assessor	Dierdorf.
1032	Stimmel	Finanzprokurator u. Rechtsanwalt	Plauen.
1033	Frhr. v. Stockhorn	Hofgerichts-Direktor	Freiburg.
1034	Stöckel	Staatsanwalt	Chemnitz.
1035	Stölzel	Stadtgerichts-Assessor	Cassel.
1036	Stöpel	Staatsanwalt	Potsdam.
1037	v. Stöphasius	Stadt- u. Kreisgerichts-Präsident	Magdeburg.
1038	Stößell	Kreisrichter	Stolp.
1039	v. Stößer	Amtmann	Meßkirch.
1040	v. Stößer	Hofgerichtsrath	Bruchsal.
1041	Dr. Stolp	Red. der Monatsschrift für Deutsches Städte- u. Gemeindewesen.	Frankfurt a. O.
1042	Dr. Straß	Kreisjustizrath a. D., Rechtsanwalt	Berlin, Leipzigerstr. 65.
1043	Streit	Bürgermeister	Zwickau.
1044	Stremel	Advokat	Zittau.
1045	Ströbel	Rechtsanwalt	Dresden.
1046	Struckmann	Auditor	Blumenthal bei Vegesack.
1047	Struckmann	Obergerichts-Assessor	Celle.
1048	Dr. Strümpell II	Advokatanwalt	Wolfenbüttel.
1049	Strupp	Rechtsanwalt	Hildburghausen.
1050	Dr. v. Stubenrauch	Professor	Wien.
1051	Stubenrauch	Rechtsanwalt	Berlin, Schützenstr. 25.
1052	Dr. G. Stüve	Stadtsekretair u. Advokat	Osnabrück.
1053	Süßenguth	Rechtsanwalt	Lobenstein.
1054	Sulzberger	Rechtsanwalt	Wurzen.
1055	Summa	Advokat	Oettingen (Bayern).
1056	Sutro	Rechtsanwalt	Meschede.

Nr.	Name.	Stand.	Wohnort.
1057	Sydow	Geh. Justizrath und vortrag. Rath i. Justiz-Minist.	Berlin, N. Friedrichsst. 79.
1058	Tafel sen.	Rechtskonsulent	Stuttgart.
1059	Tappenbeck	Obergerichtsrath	Oldenburg.
1060	Teichen	Kreisrichter	Loitz in Neuvorpommern.
1061	Teichmann	Rechtsanwalt	Breslau, Tauenzienpl. 6.
1062	Teichs	Amtsrichter	Harzburg.
1063	Tellemann	Gerichts-Assessor	Naumburg a. S.
1064	Tepler	Appellationsgerichtsrath	Naumburg a. S.
1065	Teßmar	Rechtsanwalt	Stargard (Pommern).
1066	Teßmar	Kreisgerichts-Direktor	Lauenburg (Pommern).
1067	Teucher	Rechtsanwalt	Dresden.
1068	Theremin	Gerichts-Assessor	Goldberg (Schlesien).
1069	Thesing	Rechtsanwalt	Stallupönen.
1070	Dr. Thesmar	Advokat-Anwalt	Cöln.
1071	Thiel	Rechtsanwalt	Bautzen.
1072	v. Thielenfeld	Justizrath, Rechtsanwalt	Frankfurt a. O.
1073	Thiemann	Hofrath u. Gerichtsamtmann	Dresden.
1074	Thiemer Jun.	Rechtsanwalt	Zittau.
1075	Thilo	Gerichts-Assessor	Breslau.
1076	Thomsen	Amtsgerichts-Assessor	Meinersen.
1077	Tietz	Rechtsanwalt	Leipzig.
1078	v. Tippelskirch	Ober-Staatsanwalt	Stettin.
1079	Dr. Tischer sen.	Advokat	Dresden.
1080	Treff	Rechtsanwalt	Wittenberg (Dep. Naumburg).
1081	Dr. Tremel	Hof- u. Gerchtsadvokat	Wien (Stadt 745).
1082	Trentepohl	Oberappellationsrath	Oldenburg.
1083	Tscharmann	Advokat	Leipzig.
1084	Turban	Ministerialrath	Karlsruhe.
1085	v. Twardowski	Appellationsgerichts-Referendar	Stettin (Wollweberstr.).
1086	Twesten	Stadtgerichtsrath	Berlin, Kommandantenstraße 84.
1087	Ubbelohde	Obergerichtsrath	Lüneburg.

Nr.	Name.	Stand.	Wohnort.
1088	Dr. Uchatzy	Notar	Reichenberg (Böhmen).
1089	Ukert	Stadt- u. Kreisgerichts-Direktor	Danzig.
1090	Dr. Ulrichs	Obergerichtsanwalt	Bremen.
1091	Franz Ulrici	Appellationsgerichtsrath	Frankfurt a. O.
1092	Bernhard Ulrici	Appellationsger.-Referendar	Frankfurt a. O.
1093	Dr. Unger	Professor	Wien.
1094	Uterhart	Senator	Rostock.
1095	Dr. v. Uttenhoven	Staatsrath	Meiningen.
1096	Valentin	Justizrath, Rechtsanwalt	Berlin, Jägerstr. 35.
1097	Valois	Rechtsanwalt	Dirschau.
1098	Dr. Versmann	Handelsgerichts-Präsident	Hamburg.
1099	Dr. E. Viereck	Advokat	Schwerin (Mecklenburg).
1100	Vierling	Appellationsgerichts-Accessist	Amberg (Bayern).
1101	v. Vincenti	Amtsrichter	Lahr.
1102	Vitzering	Obergerichtsanwalt	Aurich (Hannover).
1103	Dr. Völk	Advokat	Kempten.
1104	Völtz	Justizrath, Rechtsanwalt	Danzig.
1105	Vogel	Kreisrichter	Cölleda (Reg.-Bez. Merseburg).
1106	Vogler	Justizrath, Rechtsanwalt	Berlin, Unterwasserst. 9a.
1107	Voigt	Kreisgerichtsrath	Greiffenhagen.
1108	Volkelt	Notar	Prag.
1109	Volkmar	Justizrath, Rechtsanwalt am Ober-Tribun.	Berlin, Lindenstr. 3.
1110	Volkmar	Gerichts-Assessor	Berlin, Französ. Str. 48.
1111	Volkmer	Gerichts-Assessor	Breslau.
1112	Dr. Vollert	Kreisgerichts-Assessor	Arnstadt (Schwarzburg-Sondershausen).
1113	Vorwerk	Obergerichtsrath	Wolfenbüttel.
1114	Wache	Kammergerichts-Assessor a. D.	Berlin, Neuer Markt 4.
1115	Wachs	Rechtsanwalt	Leipzig.
1116	Wachsmuth	Advokat	Leipzig.
1117	Frhr. v. Wächter-Spittler	Justiz-Minister	Stuttgart.

Nr.	Name.	Stand.	Wohnort.
1118	Dr. v. Wächter	Geh. Rath u. Professor	Leipzig.
1119	Dr. Wächter	Notar	Hamburg, Gr. Reichenstraße 49.
1120	Wagner	Geh. Justiz- u. Appellationsgerichtsrath	Altenburg.
1121	Wagner	Justizrath, Rechtsanwalt am Ober-Tribunal	Berlin, Ritterstr. 36.
1122	Dr Wahlberg	Professor	Wien.
1123	Dr. Waldeck	Ober-Tribunalsrath	Berlin, Linksstr. 19.
1124	Walder	Kreisgerichtsrath	Brandenburg a. H.
1125	Dr. Wallaschek	Notar	Brünn.
1126	Walther	Rechtsanwalt	Meerane.
1127	Dr. Graf von Wartensleben	Stadtgerichtsrath	Berlin, Kochstr. 73.
1128	Dr. Waßerschleben	Professor	Gießen.
1129	Dr. C. v. Weber	Ministerialrath u. Direktor des Haupt-Staatsarchivs	Dresden.
1130	Weber	Hofgerichts-Direktor	Gießen.
1131	Weber	Advokat	Kiel.
1132	Weber	Obergerichtsanwalt	Stade (Hannover).
1133	Weber	Justizrath, Rechtsanwalt	Berlin, Brüderstr. 11.
1134	Weber	Advokat	Elberfeld.
1135	Max Weber	Dr. jur.	Berlin, Hirschelstr. 16.
1136	Weckmann	Senator	Rostock.
1137	Dr. Weeber	Landes-Advokat	Weiskirchen.
1138	v. Wegner	Ober-Tribunalsrath	Berlin.
1139	Wegner	Justizrath, Rechtsanwalt	Berlin, Poststr. 15.
1140	Wegner	Kreisrichter	Stolp.
1141	Wegner	Gerichts-Assessor	Berlin, Poststr. 15.
1142	Wehnert	Justitiar beim ritterschaftlichen Gerichtsvereine zu Crivitz und Advokat	Crivitz (Mecklenburg).
1143	Weickert	Advokat	Zwickau.
1144	Weidner	Rechtsanwalt	Zittau.
1145	Dr. Weigel	Syndikus	Breslau.

Nr.	Name.	Stand.	Wohnort.
1146	Weise	Rechtsanwalt	Meißen.
1147	Dr. Weiske	Professor	Leipzig.
1148	Dr. Weiß	Landesgerichtsrath	St. Pölten (Nied.-Oest.).
1149	Weißer	Auditor u. Aktuariatsverweser	Marbach a. N.
1150	Weizsäcker	Postdirektions-Revisor	Stuttgart.
1151	Weltzien	Hofrath, Hypothekenbewahrer	Schwerin (Mecklenburg).
1152	Wengler	Gerichtsrath	Bautzen.
1153	Wentzel	Kreisrichter	Wrietzen a. O.
1154	Wenzel	Stadtgerichtsrath	Berlin.
1155	Dr. Wenzig	Rechtsanwalt	Berlin, Mohrenstr. 61.
1156	Werner	Kammergerichts-Referendar	Berlin, Mühlendamm 22.
1157	Dr. Wesely	Professor	Prag.
1158	Wessel	Justizamtmann	Oerlinghausen.
1159	Westphal	Gerichts-Assessor	Halle a. S.
1160	Westphal	Appellationsgerichtsrath	Naumburg a. S.
1161	Wettke	Kreisrichter	Mohrungen (Ostpr.).
1162	Wetzel	Rechtsanwalt	Dresden.
1163	Weymann	Kreisrichter	Bärwalde i. d. Neumark.
1164	Dr. Wiedenfeld	Hof- u. Gerichts-Advokat	Wien.
1165	C. Wielandt	Sekretair im Justiz-Minist.	Bruchsal.
1166	Wiener	Rechtsanwalt	Ohlau (Schlesien).
1167	Wilke	Rechtsanwalt	Berlin, Heiligegeiststr. 51.
1168	Wilke	Gerichts-Assessor	Berlin, Potsdamerst. 139.
1169	Wilke	Geh. Justizrath, vortr. Rath im Justiz-Ministerium	Dresden.
1170	von Wilm	Kais. Russ. Kollegien-Assessor, Kronanwalt u. Notar	Dresden.
1171	v. Wilmowski	Geh. Finanzrath	Berlin, Bendlerstr. 22.
1172	v. Wilmowski	Rechtsanwalt	Schlawe (Pommern).
1173	Winkler	Rechtsanwalt	Gleiwitz.
1174	Winkler	Kreisrichter	Halle a. S.
1175	Winter	Advokat	Dresden.
1176	v. Winter	Geh. Regierungs- u. vortr. Rath im Ministerium des Innern	Berlin.

Nr.	Name.	Stand.	Wohnort.
1177	Dr. Winzer	Justizrath, Bezirksgerichts-Direktor	Löbau.
1178	Wippermann	Rechtsanwalt	Torgau.
1179	Wirth	Ober-Amtsrichter	Horb a. N.
1180	Witschel	Rechtsanwalt	Dresden.
1181	Witte	Stadtrichter	Berlin.
1182	Dr. Wittgenstein	Kammergerichts-Referendar	Berlin, Französischest. 14.
1183	v. Witzleben	Regierungsrath	Leipzig.
1184	Wölfel	Rechtsanwalt	Lützen bei Merseburg.
1185	Wölffer	Obergerichtsanwalt u. Notar	Hannover.
1186	Wolf	Stadt u. Kreisrichter	Magdeburg.
1187	Dr. Wolf	Anwalts-Aspirant	Dresden.
1188	Dr. Wolf	Gerichtsrath	Freiberg.
1189	Wolff	Justizrath, Rechtsanwalt am Ober-Tribunal	Berlin, Dorotheenst. 47.
1190	Wolff	Obergerichts-Advokat	Holzminden.
1191	Wolff	Rechtsanwalt	Berlin, N. Friedrichsst. 50.
1192	Wolff	Rechtsanwalt	Prenzlau.
1193	Wolff	Rechtsanwalt	Schubin bei Bromberg.
1194	Wolff	Gerichtsamtsaktuar	Chemmnitz.
1195	Wolff	Kreisgerichtsrath	Strehlen.
1196	Wolffson	Advokat	Hamburg.
1197	Wollank	Stadtgerichtsrath	Berlin.
1198	Wollenschläger	Appellationsgerichtsrath	Marienwerder.
1199	Wollny	Geh. Finanzrath	Berlin, Kochstr. 19.
1200	Dr. Wurzel	Landesadvokat	Jung-Bunzlau (Böhmen)
1201	Dr. Zachariae	Professor	Göttingen.
1202	Zacharias	Rechtsanwalt und Notar	Dresden.
1203	Dr. Zastrow	Senator	Rostock.
1204	Zenker	Finanz-Prokurator	Dresden.
1205	Zenkin-Sommer	Staatsanwalt	Helmstedt.
1206	Zenthöfer	Kreisrichter	Rybnick.
1207	Dr. Zentner	Ober-Hofgerichtsrath	Mannheim.
1208	v. Zerbst	Appellationsgerichtsrath	Greifswald.

Nr.	Name.	Stand.	Wohnort.
1209	v. Ziehlberg	Rechtsanwalt	Tuchel (Westpreußen).
1210	Zimmer	Advokat	Dresden.
1211	Zimmermann	Stifts-Syndikus und Rechtsanwalt	Meißen.
1212	Zimmermann	Doktor der Rechte	Berlin, Mohrenstr. 26.
1213	Zirkler	Ober-Amtsrichter	Künzelsau.
1214	Dr. Zöllner	Staats-Anwalt	Potsdam.
1215	Zumpe I	Rechtsanwalt	Dresden.
1216	Zumpe II	Rechtsanwalt	Dresden.

B.

Alphabetisches Verzeichniß

derjenigen

Mitglieder des 3. Deutschen Juristentages,

welche dem Vereine schon im Jahre 1861 angehörten,

nach Staaten geordnet.

Nr.	Name.	Stand.	Wohnort.
	Herzogthum Anhalt-Bernburg.		
1	Dr. Bolze	Advokat	Bernburg
2	Calm	Rechtsanwalt	Bernburg.
3	Handt	Kreisgerichtsrath	Bernburg.
4	Schröder	Advokat	Bernburg.
	Herzogthum Anhalt-Dessau.		
5	Dr. O. Behr	Rechtsanwalt	Cöthen.
6	Lezius	Rechtsanwalt	Cöthen.
7	Dr. Siegfried	Geh. Justiz- u. Ober-Landesgerichtsrath	Dessau.
8	Dr. Sintenis	Ober-Landesger.-Präsident.	Dessau.
	Großherzogthum Baden.		
9	Aberle	Amtsrevisor u. Bezirks-Notar	Müllheim.
10	Bachelin	Hofgerichtsrath u. Staatsanw.	Freiburg.

Nr.	Name.	Stand.	Wohnort.
11	Dr. Behaghel	Professor	Freiburg.
12	Bensinger	Obergerichtsadvokat	Mannheim.
13	v. Blittersdorff	Amtsrichter	Suckingen.
14	Dr. Bluntschli	Professor	Heidelberg.
15	Bodenheim	Advokat	Karlsruhe.
16	Bohm	Hofgerichts-Direktor	Bruchsal.
17	Brauer	Hofgerichtsrath	Bruchsal.
18	Busch	Advokat	Karlsruhe.
19	Dr. Chelius	Amtsrichter	Mannheim.
20	Courtin	Universitäts-Amtmann	Heidelberg.
21	Dietz	Oberamtsrichter	Bruchsal.
22	G. v. Dusch	Ministerialrath	Karlsruhe.
23	Eckert	Direktor des Männer-Zuchthauses	Bruchsal.
24	Eimer	Hofgerichtsrath	Freiburg
25	Eisenlohr	Oberhofgerichts-Referendar	Karlsruhe.
26	Esser	Obergerichtsadvokat	Mannheim.
27	Ettlinger	Obergerichtsadvokat	Karlsruhe.
28	Dr. Fetzer	Hofgerichts-Präsident	Freiburg.
29	v. Freydorf	Ministerialrath	Karlsruhe.
30	Dr. Fritschi	Amtsrichter	Neckarbischofsheim.
31	Dr. M. Fürst	Rechtsanwalt	Schopfheim.
32	Gänseblum	Amtsrichter	Neustadt.
33	Gerhardt	Rechnungsrath, Deputirter des Badenschen Notariats-Vereins	Karlsruhe.
34	Dr. Grimm	Rechtsanwalt	Pforzheim.
35	Gutmann	Rechtsanwalt	Karlsruhe.
36	Haaß	Hofgerichtsrath und Staatsanwalt	Bruchsal.
37	Hebting	Amtmann	Schönau.
38	v. Heiligenstein	Hofgerichts-Referendar	Bruchsal.
39	Heydweiller	Amtsrichter	Offenburg.
40	Hildebrandt	Hofgerichtsrath	Bruchsal.
41	Dr. Jolly	Regierungsrath	Karlsruhe.

Nr.	Name.	Stand.	Wohnort.
42	Kärcher	Amtsrichter	Rastatt.
43	Kamm	Amtsrichter	Pforzheim.
44	Klehe	Hofgerichtsrath	Mannheim.
45	H. Krämer	Advokat	Karlsruhe.
46	Kusel	Obergerichtsanwalt	Bruchsal.
47	Lacoste	Hofgerichtsrath	Bruchsal.
48	Dr. Ladenburg	Obergerichts-Advokat	Mannheim.
49	Levinger	Advokat	Karlsruhe.
50	Mays	Hofgerichtsrath und Staatsanwalt	Mannheim.
51	Dr. Minet	Legationsrath	Karlsruhe.
52	Dr. Mittermaier	Geh. Rath und Professor	Heidelberg.
53	Müller	Amtsrichter	Schopfheim im Badischen Wiesenthale.
54	Nebenius	Oberamtsrichter	Karlsruhe.
55	Oehl	Rechtsanwalt	Villingen.
56	Ottendorf	Hofgerichtsrath	Bruchsal.
57	Pfeiffer	Amtsrichter	Gengenbach.
58	Dr. Puchelt	Hofgerichtsrath	Bruchsal.
59	Ree	Obergerichtsanwalt	Bruchsal.
60	Reinhardt	Hofgerichtsrath	Mannheim.
61	Dr. F. Roßhirt	Oberhofgerichtsrath	Mannheim.
62	v. Rotteck	Ober-Amtsrichter	Emmendingen.
63	Ruth	Hofgerichtsrath	Mannheim.
64	Sachs	Ober-Amtsrichter	Karlsruhe.
65	Scheuermann	Amtsrichter	Bonndorf.
66	Schwarzmann	Ministerialrath	Karlsruhe.
67	Serger	Hofgerichtsrath	Mannheim.
68	v. Seyfried	Ministerialrath	Karlsruhe.
69	Dr. Stabel	Staats-Minister der Justiz	Karlsruhe.
70	Frhr. v. Stockhorn	Hofgerichts-Direktor	Freiburg.
71	v. Stößer	Amtmann	Meßkirch.
72	v. Stößer	Hofgerichtsrath	Bruchsal.
73	Turban	Ministerialrath	Karlsruhe
74	v. Vincenti	Amtsrichter	Lahr.

Nr.	Name.	Stand.	Wohnort.
75	C. Wielandt	Sekretair im Justiz-Minist.	Bruchsal.
76	Dr. Zentner	Ober-Hofgerichtsrath	Mannheim.

Königreich Bayern.

77	Bachmann	Advokat	Culmbach.
78	Bäumer	Bezirksgerichtsrath	Hof.
79	Dr. Barth	Rechtsanwalt	Augsburg.
80	Dr. Barth	Advokat	Kaufbeuren.
81	Dr. Gießmayer	Advokat	München.
82	Gotthelf	Advokatur-Concipient	München.
83	Dr. Gundermann	Rechtsanwalt	München.
84	Hacke	Bezirksgerichts-Accessist	München (links der Isar).
85	Hellmann	Bezirksgerichtsrath	Hof.
86	Dr. Henle	Advokat	München.
87	Dr. Herrmann	Advokat	München.
88	Dr. Hierl	Bezirksgerichts-Assessor	München, Nymphenburgstraße 34.
89	Dr. Jäger	Rechtsanwalt	Nürnberg.
90	Dr. Edler von Kerstorf	Hofrath, Advokat	Augsburg.
91	Dr. Krafft	Advokat	Nürnberg.
92	Lindner	Advokat	Nürnberg.
93	Dr. Mayersohn	Rechtsanwalt	Aschaffenburg.
94	Dr. Meyer	Bezirksgerichts-Assessor	München (links der Isar).
95	Molitor	Ober-Appellationsgerichts-Direktor	München.
96	Frhr. v. Mulzer	Justiz-Minister	München.
97	Dr. Noël	Advokat	München.
98	Petersen	Appellationsgerichts-Direktor	München.
99	Petersen	Rechtskandidat	Landau.
100	Pündter	Landgerichts-Assessor	Eschenbach.
101	Dr. Ruhwandl	Advokat	München.
102	Summa	Advokat	Oettingen.

Nr.	Name.	Stand.	Wohnort.
103	Vierling	Appellationsgerichts-Accessist	Amberg.
104	Dr. Völk	Advokat	Kempten.

Herzogthum Braunschweig.

105	Dr. Aronheim	Obergerichts-Advokat	Braunschweig.
106	A. Bach	Obergerichts - Advokat und Notar	Holzminden.
107	Bode	Kreisrichter	Braunschweig.
108	Breymann	Obergerichts-Präsident	Wolfenbüttel.
109	Dr. Dedekind	Obergerichtsanwalt	Wolfenbüttel.
110	Gärtner	Obergerichtsrath	Wolfenbüttel.
111	Gotthardt	Obergerichts-Advokat	Braunschweig.
112	Grotrian	Obergerichtsrath	Wolfenbüttel.
113	Knittel	Obergerichts-Vice-Präsident	Wolfenbüttel.
114	Köpp	Obergerichts-Prokurator	Wolfenbüttel.
115	Kohli	Kreisrichter	Wolfenbüttel.
116	Rhamm	Staatsanwalt	Wolfenbüttel.
117	Runde	Advokatanwalt	Wolfenbüttel.
118	Schütze	Obergerichts-Rath	Wolfenbüttel.
119	Schulz	Ober-Staatsanwalt	Wolfenbüttel.
120	Stegmann	Referendar	Salder.
121	Dr. Strümpell II	Advokatanwalt	Wolfenbüttel.
122	Teichs	Amtsrichter	Harzburg.
123	Vorwerk	Obergerichtsrath	Wolfenbüttel.
124	Wolff	Obergerichts-Advokat	Holzminden.
125	Zenkin-Sommer	Staatsanwalt	Helmstedt.

Freie Stadt Bremen.

126	Dr. Adami	Obergerichtsanwalt	Bremen.
127	Dr. Lürmann	Senator	Bremen.
128	Dr. Pfeiffer	Advokat	Bremen.
129	Dr. Ulrichs	Obergerichtsanwalt	Bremen.

Nr.	Name	Stand.	Wohnort.

Freie Stadt Frankfurt.

Nr.	Name	Stand.	Wohnort.
130	Dr. jur. et phil. Auerbach	Advokat	Frankfurt a. M.
131	Dr. Cnyrim	General-Postdirektions-Sekretair	Frankfurt a. M.
132	Dr. Getz	Advokat	Frankfurt a. M.
133	Dr. Maltz	Rechtsanwalt	Frankfurt a. M.

Freie Stadt Hamburg.

Nr.	Name	Stand.	Wohnort.
134	Dr. Aegidi	Professor	Hamburg.
135	Dr. Baumeister	Obergerichtsrath	Hamburg.
136	Dr. Klauhold	Staatsanwalt a. D.	Hamburg.
137	Dr. Leo	Advokat	Hamburg.
138	G. Lührsen	Doktor der Rechte	Hamburg.
139	Dr. Rießer	Obergerichtsrath	Hamburg.
140	Dr. Versmann	Handelsgerichts-Präsident	Hamburg.
141	Dr. Wächter	Notar	Hamburg, Gr. Reichenstraße 49.
142	Wolffson	Advokat	Hamburg.

Königreich Hannover.

Nr.	Name	Stand.	Wohnort.
143	Albrecht	Obergerichtsanwalt	Hannover.
144	Dr. André	Obergerichtsanwalt	Osnabrück.
145	Angelbeck	Obergerichtsanwalt	Lüneburg.
146	Bauermeister	Obergerichtsanwalt	Hannover.
147	Berentzen	Obergerichtsanwalt	Meppen.
148	Bergmann	Obergerichts-Assessor	Meppen.
149	Bierwirth	Obergerichts-Assessor	Lüneburg.
150	v. Bock	Ober-Appellationsrath	Celle.
151	Borchers	Ober-Appellationsgerichtsanwalt	Celle.
152	Dr. Droop	Amtsrichter	Leer.

Nr.	Name.	Stand.	Wohnort.
153	v. Düring	Ober-Appellationsgerichts-Präsident	Celle. Celle.
154	Evers	Appellationsgerichtsanwalt	
155	Francke	Obergerichts-Vice-Direktor	Lüneburg.
156	Dr. Gerding	Ober-Appellationsgerichts-anwalt	Celle.
157	Carl Götting	Obergerichtsanwalt	Hildesheim.
158	Grisebach	Obergerichtsrath	Hameln a. W.
159	Hansen	Advokat	Hannover.
160	v. Harleßem	Obergerichtsanwalt	Hannover.
161	Hetzer	Auditor	Hildesheim.
162	Jaques	Ober-Appellationsrath	Celle.
163	Dr. Kistemaker	Obergerichtsanwalt	Meppen.
164	Köllner	Obergerichtsanwalt	Verden.
165	Kraut	Hofrath und Professor	Göttingen.
166	Lauenstein	Obergerichtsanwalt	Lüneburg.
167	Linckelmann	Obergerichtsanwalt	Hannover.
168	Dr. Ludwig	Advokat	Dannenberg.
169	Mack	Kronanwalt	Verden.
170	Dr. Naumann I	Ober-Appellationsgerichts-anwalt	Celle.
171	Naumann II	Advokat	Celle.
172	Dr. L. Naumann I	Obergerichtsanwalt	Hameln.
173	Noltemeier	Advokat und Notar	Peina.
174	Dr. Northoff	Obergerichtsanwalt	Hildesheim.
175	v. Pape	Ober-Appellationsgerichts-Vice-Präsident	Celle.
176	Planck	Obergerichts-Assessor a. D.	Göttingen.
177	Roscher	Ober-Appellationsrath	Celle.
178	Schepler	Amtmann	Leer.
179	Dr. Siemens	Amtsrichter	Hannover.
180	Struckmann	Auditor	Blumenthal bei Vegesack.
181	Struckmann	Obergerichts-Assessor	Celle.
182	Dr. G. Stüve	Stadtsekretair u. Advokat	Osnabrück.

Nr.	Name.	Stand.	Wohnort.
183	Thomsen	Amtsgerichts-Assessor	Meinersen.
184	Ubbelohde	Obergerichtsrath	Lüneburg.
185	Vißering	Obergerichtsanwalt	Aurich.
186	Weber	Obergerichtsanwalt	Stade.
187	Wölffer	Obergerichtsanwalt u. Notar	Hannover.
188	Dr. Zachariae	Professor	Göttingen.

Kurfürstenthum Hessen-Cassel.

189	Bähr	Obergerichtsrath	Cassel.
190	Peters	Obergerichtsanwalt	Cassel.
191	Stölzel	Stadtgerichts-Assessor	Cassel.

Großherzogthum Hessen-Darmstadt.

192	Dr. Arens	Friedensrichter	Alzey.
193	Dr. Bernays	Advokat	Mainz.
194	Diery	Hofgerichtsadvokat	Gießen.
195	Dornseiff	Hofgerichtsadvokat	Gießen.
196	Dr. Ihering	Geh. Justizrath, Professor	Gießen.
197	Dr. v. Lindelof	Justiz-Minister	Darmstadt.
198	Maurer	Staatsanwalt-Substitut	Gießen.
199	Dr. Reatz	Privat-Dozent	Gießen.
200	Dr. Waßerschleben	Professor	Gießen.
201	Weber	Hofgerichts-Direktor	Gießen.

Herzogthum Holstein.

202	Dr. Brinkmann	Ober-Appellationsrath a. D.	Kiel.
203	Dr. Burmeister	Advokat	Plön.
204	Niemand	Kirchspielvogt	Büsum im Dithmarschen.
205	Nitzsch	Advokat	Kiel.
206	Dr. Planck	Professor	Kiel.
207	Reimers	Justitiar	Wandsbeck.

Nr.	Name.	Stand.	Wohnort.
208	Rheder	Klostersyndikus	Preetz.
209	Rosenhagen	Advokat	Wandsbeck.
210	Stemann	Advokat	Segeberg.
211	Weber	Advokat	Kiel.
	Fürstenthum Lippe-Detmold.		
212	Dr. Caesar	Obergerichtsrath	Detmold.
213	Falkmann	Archivrath, Rechtsanwalt	Detmold.
214	Heldmann	Rechtsanwalt	Detmold.
215	Dr. Rosen	Obergerichtsrath	Detmold.
216	Runnenberg	Stadtgerichtsrath	Detmold.
217	Wessel	Justizamtmann	Oerlinghausen.
	Freie Stadt Lübeck.		
218	Bremer	Ober-Appellationsgerichts-Sekretair	Lübeck.
219	Dr. Kulenkamp	Ober-Appellations- u. Niedergerichts-Prokurator	Lübeck.
220	Dr. Pletzing	Advokat	Lübeck.
221	Dr. Plitt	Richter	Lübeck.
	Großherzogthum Mecklenburg-Schwerin.		
222	Aarons	Advokat	Schwerin.
223	v. Bastian	Kanzlei-Vice-Direktor a. D., Kanzlei-Advokat	Güstrow.
224	Bauermeister	Advokat	Grabow.
225	Briesemann	Advokat	Wismar.
226	Dr. Drechsler	Bürgermeister	Parchim.
227	Dr. Dugge	Senator	Bützow.
228	Ehlers	Advokat	Rostock.
229	Carl Hartung	Senator und Advokat	Waren.
230	Havemann	Advokat	Grabow.

Nr.	Name.	Stand.	Wohnort.
231	Heucke	Advokat	Parchim.
232	Karrig	Bürgermeister u. Stadtrichter	Kröpelin.
233	Dr. Karsten	Kanzlei-Advokat	Rostock.
234	Klitzing	Advokat	Parchim.
235	Krüger	Advokat	Rostock.
236	Lange	Advokat	Rostock.
237	Dr Mann	Syndikus	Rostock.
238	C. H. Müller	Advokat und Notar	Rostock.
239	Pohle	Magistrats-Gerichts-Direktor u. Syndikus	Schwerin.
240	Dr. Simonis	Senator	Rostock.
241	Simonis	Advokat	Rostock.
242	Ludw. Sommer	Advokat	Parchim.
243	Sommer-Diersen	Senator u. Advokat	Parchim.
244	Uterhart	Senator	Rostock.
245	Dr. E. Viereck	Advokat	Schwerin.
246	Weckmann	Senator	Rostock.
247	Wehnert	Justitiar beim ritterschaftlichen Gerichtsvereine zu Crivitz und Advokat	Crivitz.
248	Weltzien	Hofrath, Hypothekenbewahrer	Schwerin.
249	Dr. Zastrow	Senator	Rostock.

Großherzogthum Mecklenburg-Strelitz.

250	Bahr	Bürgermeister, Advokat	Fürstenberg.
251	Buttel	Advokat	Neu-Strelitz.
252	Cohn	Advokat	Neu-Strelitz.
253	Fuldner	Kammerprokurator, Advokat und Fiskal	Neu-Strelitz.
254	Hahn	Advokat	Neu-Brandenburg.
255	Paul Horn	Justizkanzlei-Registrator und Advokat	Neu-Strelitz.
256	Müller	Advokat, Stadtrichter	Fürstenberg.

Nr.	Name.	Stand.	Wohnort.
257	Petermann	Advokat	Neu-Strelitz.
258	Plettner	Stadtrichter	Friedland.

Herzogthum Nassau.

Nr.	Name.	Stand.	Wohnort.
259	Diehl	Hofgerichtsrath	Dillenburg.
260	Dombois	Amts-Assessor	Wied-Selters.
261	v. Eck	Obergerichts-Prokurator	Wiesbaden.
262	Keller	Hof- u. Appellationsgerichts-Prokurator	Dillenburg.
263	Langhans	Ober-Appellationsrath	Wiesbaden.
264	Raht	Prokurator	Weilburg.
265	Recken	Amtmann	Wallmerod.
266	Schenck	Hofgerichts-Prokurator	Wiesbaden.

Kaiserreich Oesterreich.

Nr.	Name.	Stand.	Wohnort.
267	Vater Ritter von Artens	Staatsanwalts-Substitut	Graz.
268	Dr. Joseph Bach	Hof- und Gerichtsadvokat	Wien.
269	Dr. Bauer	Hof- und Gerichtsadvokat	Wien.
270	Dr. Berger	Hof- und Gerichtsadvokat	Wien, Stadt 427.
271	Dr. Brix	geprüfter Advokatur-Kandid.	Wien, Stadt 641.
272	Dr. Costa	geprüfter Advokatur-Kandid.	Laibach.
273	Dr. Demel	Landesadvokat	Teschen.
274	Dr. Dietrich	Advokat	Troppau.
275	Dr. Doktor	Finanzprokurator f. Böhmen	Prag.
276	Dosch	Kreisgerichts-Adjunkt	Steyr.
277	Dr. Esmarch	Professor der Rechte	Prag.
278	Dr. Flögel	Advokat	Jungbunzlau.
279	Dr. Frank	Rechtspraktikant	Prag.
280	Dr. Geyer	Professor	Innsbruck.
281	Dr. Glaser	Professor	Wien.
282	Dr. Görner	Advokat	Budweis (Böhmen).

Nr.	Name.	Stand.	Wohnort.
283	Dr. Hanisch	Advokatur-Kandidat	Wien, Alsergrund, Bidtenburggasse 22.
284	Dr. Philipp Ritter v. Harrasowsky	Raths-Sekretair im Justiz-Ministerium	Wien.
285	Dr. Harum	Professor der Rechte	Innsbruck.
286	Dr. Hauschild	Landesadvokat	Prag.
287	Dr. Heller	Professor	Wien.
288	Dr. Herbst	Professor	Prag.
289	Dr. v. Huze	Hof- und Gerichtsadvokat	Wien.
290	Dr. Jaques	Verwaltungsrath der Handels-Akademie	Wien.
291	Dr. Keller	Ober-Landesgerichtsrath	Wien, Stadt 72.
292	Dr. Ritter von Kindinger	Gerichtsadjunkt	Wien (St. Schottenhof).
293	Dr. C. E. Ritter von Kißling	Landesadvokat	Scheerding.
294	Dr. Klier	Landesadvokat	Tetschen.
295	Dr. jur. Kokoschinegg	Auskultant	Marburg (Steiermark).
296	Dr. Josef Kopp	Advokat	Wien.
297	Koreff	Doktor der Rechte	Prag.
298	Dr. Leidesdorf	Notar	Wien, Stadt 850.
299	Dr. Lenz	Hof- und Gerichtsadvokat	Wien, Stadt 613.
300	Dr. v. Mühlfeld	Hof- und Gerichtsadvokat	Wien, Stadt 622.
301	Dr. Neumeister	Advokatur-Kandidat u. Vertheidiger in Strafsachen	Wien.
302	Dr. Neußer	Landesadvokat	Freiwaldau.
303	Dr. Pisko	Redakteur der Gerichtshalle	Wien.
304	Dr. Polaczek	Landes-Advokat	Reichenberg (Böhmen.)
305	Frh. v. Pratobevera	Justiz-Minister	Wien.
306	Dr. Preisenhammer	Advokatur-Kandidat	Brünn.
307	Dr. Raudnitz	Advokatur-Kandidat	Prag.
308	Alfred Regner von Bleyleben	Professor	Brünn.
309	Dr. Renger	Landesadvokat u. Notar	Tetschen a. E.
310	Dr. Rizy	Sektionschef im Justiz-Min.	Wien.

Nr.	Name.	Stand.	Wohnort.
311	Dr. Rossi	Landes-Advokat	Iglau (Mähren.)
312	Franz Ritter von Scharschmid	Landesgerichts-Präsident	Wien.
313	Schloß	Staatsanwalt	Korneuburg (Oesterreich).
314	Dr. Schmelkes	Landesadvokat	Nikolsburg i. Mähren.
315	Dr. Schulte	Professor	Prag.
316	Seehann	Notar	St. Pölten (Nied.-Oest.).
317	Dr. Senft	Landesgerichts-Adjunkt	Brünn.
318	Steiner	Landesger.-Adjunkt	Klagenfurt.
319	Dr. v. Stubenrauch	Professor	Wien.
320	Dr. Tremel	Hof- u. Gerchtsadvokat	Wien (Stadt 745).
321	Dr. Uchatzy	Notar	Reichenberg (Böhmen).
322	Dr. Unger	Professor	Wien.
323	Volkelt	Notar	Prag.
324	Dr Wahlberg	Professor	Wien.
325	Dr. Wallaschek	Notar	Brünn.
326	Dr. Weeber	Landes-Advokat	Weiskirchen.
327	Dr. Weiß	Landesgerichtsrath	St. Pölten (Nied.-Oest.).
328	Dr. Weselly	Professor	Prag.
329	Dr. Wiedenfeld	Hof- u. Gerichts-Advokat	Wien.
330	Dr. Wurzel	Landesadvokat	Jung-Bunzlau (Böhmen)

Großherzogthum Oldenburg.

331	Becker	Ober-Appellationsrath	Oldenburg.
332	G. Flor	Auditor	Oldenburg.
333	Gräper	Obergerichtsrath	Varel.
334	Hoyer	Direktor der Strafanstalten	Vechta.
335	Mencke	Appellationsrath	Oldenburg.
336	Tappenbeck	Obergerichtsrath	Oldenburg.
337	Trentepohl	Oberappellationsrath	Oldenburg.

Königreich Preußen.

338	Abegg	Appellationsger.-Referendar	Breslau.
339	Dr. Abegg	Geh. Justizrath, Professor	Breslau

Nr.	Name.	Stand.	Wohnort.
340	Ahlemann	Rechtsanwalt	Samter.
341	Albrecht	Kreisrichter	Lauenburg.
342	Alschefski	Rechtsanwalt	Magdeburg.
343	Dr. Anschütz	Professor	Greifswald.
344	Anz	Kreisgerichtsrath	Tilsit.
345	Arndts	Staatsanwalt	Mohrungen.
346	Aschenborn	Rechtsanwalt	Arnswalde.
347	Assig	Gerichts-Assessor	Breslau.
348	Bader	Kreisgerichtsrath	Heiligenstadt.
349	Baier	Staatsanwalt	Löwenberg (Schlesien).
350	Ballhorn	Ober-Tribunalsrath	Berlin, Charlottenstr. 86.
351	Bartholdy	Kreisrichter	Massow (Pommern).
352	Bartolomäus	Kreisrichter	Jacobshagen i. Pr.
353	Baßenge	Kreisrichter	Lauban.
354	Becher	Justizrath, Rechtsanwalt	Berlin, Commandantenstraße 84.
355	Behrend	Gerichts-Assessor	Berlin, Ritterstr. 45.
356	Berendt	Kreisrichter	Elbing.
357	Bergmann	Gerichts-Assessor	Berlin, Lindenstr. 101.
358	Bergmann	Rechtsanwalt	Spandau.
359	Bering	Kreisrichter	Elsterwerda.
360	Bernau II.	Gerichts-Assessor	Magdeburg.
361	Berndt	Kammergerichtsrath	Berlin, Neuenburgerst. 31.
362	Berner	Justizrath, Rechtsanwalt	Mohrungen.
363	v. Bernuth	Justiz-Minister a. D.	Berlin.
364	Bertheim	Gerichts-Assessor	Berlin, Stralauerstr. 13.
365	Dr. Beseler	Geh. Justizrath u. Professor	Berlin, Kochstr. 18.
366	Besthorn	Justizrath, Rechtsanwalt	Danzig.
367	v. Beyer	Justizrath, Rechtsanwalt	Frankfurt a. O.
368	Beyrich	Kreisrichter	Beelitz.
369	Billerbeck	Justizrath, Rechtsanwalt	Anclam.
370	Black	Staatsanwalt	Gleiwitz (Ob.-Schlesien).
371	Block	Rechtsanwalt	Magdeburg.
372	Dr. Bluhme	Geh. Justizrath u. Professor	Bonn.
373	Bock	Gerichts-Direktor a. D.	Hagen.

Nr.	Name.	Stand.	Wohnort.
374	Bock	Kreisrichter	Pasewalk.
375	Bodstein	Kreisrichter	Habelschwerdt.
376	Böhmer	Kreisgerichtsrath	Stettin, Paradeplatz 21.
377	Böle	Justizrath, Rechtsanwalt	Münster.
378	Bonseri	Appellationsgerichtsrath	Stettin.
379	Borchardt	Stadtgerichtsrath	Berlin, Französischestr. 32.
380	v. Borck	Rechtsanwalt	Schönlanke.
381	Dr. Bornemann	Gerichts-Assessor und Privatdocent	Berlin, Potsdamerstraße 125/6.
382	Bornemann	Geh. Kriegsrath u. vortrag. Rath im Kriegs-Minist.	Berlin.
383	Dr. Bornemann	Wirkl. Geh. Rath u. zweiter Präsident des Ober-Trib.	Berlin, Potsdamerstraße 125/6.
384	Bothe	Rechtsanwalt	Trzemeszno.
385	Bouneß	Rechtsanwalt	Berlin, Neue Friedrichsstraße 36.
386	W. Bouneß	Rechtsanwalt	Breslau, Ring 47.
387	Brachvogel	Rechtsanwalt	Berlin, Neue Friedrichsstraße 37.
388	Brachvogel	Justizrath, Rechtsanwalt	Bromberg.
389	Brachvogel	Justizrath, Rechtsanwalt	Wollstein.
390	Brebeck	Rechtsanwalt	Lötzen.
391	v. Briesen	Rechtsanwalt	Hagen.
392	Brockhoff	Kammergerichts-Auskultator	Duisburg.
393	Bromme	Rechtsanwalt	Naumburg a. S.
394	Buddee	Gerichts-Assessor	Berlin, Ritterstr. 36.
395	Buddee	Kammergerichtsrath	Berlin, Ritterstr. 36.
396	Büchtemann	Kammergerichts-Referendar	Berlin, Kochstr. 73.
397	Bulla	Rechtsanwalt	Lauban.
398	Burchard	Rechtsanwalt	Charlottenburg.
399	Bussenius	Rechtsanwalt am Ober-Trib.	Berlin, Oranienstr. 107.
400	Buttmann	Kammergerichts-Referendar	Berlin, Oranienstr. 101/2.
401	Casper	Justizrath, Rechtsanwalt	Berlin, Markgrafenstr. 44.
402	Cassel	Rechtsanwalt	Neustadt E./W.
403	Chomse	Kreisrichter	Culm.

Nr.	Name.	Stand.	Wohnort.
404	Corty	Justizrath, Rechtsanwalt	Luckau.
405	Dalke	Staatsanwalt	Memel.
406	Damke	Justizrath, Rechtsanwalt	Filehne.
407	Danner	Justizrath	Mühlhausen.
408	v. Dazür	Rechtsanwalt	Ostrowo.
409	Dechend	Kreisgerichts-Direktor	Glatz.
410	Decker	Ober-Tribunalsrath	Berlin, Bernburgerstr. 30
411	Deegen	Stadtrichter	Berlin, Louisenstr. 34.
412	Dettmann	Stadtgerichtsrath	Berlin.
413	v. Dewitz	Justizrath, Rechtsanwalt	Stettin.
414	Dönniges	Justizrath, Rechtsanwalt	Posen.
415	Dorn	Justizrath, Rechtsanwalt am Ober-Tribunal	Berlin, Besselstr. 21.
416	v. Dresler	Kreisgerichtsrath	Greetz.
417	Dulheuer	Kreisrichter	Lüdenscheid.
418	Ebers	Stadtrichter	Berlin, Wilhelmsplatz 4.
419	Dr. Eberty	Stadtgerichtsrath	Berlin.
420	v. Eckenbrecher	Kreisgerichts-Direktor	Bergen auf Rügen.
421	Eding	Appellationsgerichtsrath	Magdeburg.
422	Ehlers	Kreisgerichtsrath	Halberstadt.
423	Elbers	Rechtsanwalt	Hagen.
424	Dr. Elvers	Kreisrichter	Höxter a. d. Weser.
425	v. Enckevort	Appellationsgerichtsrath	Stettin.
426	Engelhardt	Justizrath, Rechtsanwalt	Posen.
427	Engels	Kreisrichter	Alt-Landsberg.
428	Ernst	Kammergerichts-Auskultator	Berlin, Schellingstr. 4.
429	Euler	Notar	Düsseldorf.
430	Feige	Gerichts-Assessor und Hülfsrichter	Kempen (Posen).
431	Fiebger	Rechtsanwalt	Halle a. S.
432	Dr. Filehne	Kreisrichter	Ratibor.
433	Dr. Fischel	Gerichts-Assessor	Berlin, U. d. Linden 49.
434	Fischer	Justizrath, Rechtsanwalt	Breslau.
435	Fischer	Justizrath, Rechtsanwalt	Magdeburg.
436	Dr. Fischer	Kreisgerichtsrath	Schweidnitz.

Nr.	Name.	Stand.	Wohnort.
437	Flashar	Kreisgerichtsrath	Nicolai (Ober-Schlesien).
438	Fleck	General-Auditeur	Berlin, Anhaltsstr. 14.
439	Fleck	Kammergerichts-Referendar	Berlin, Anhaltsstr. 14.
440	Fleischauer	Appellationsgerichtsrath	Berlin, Friedrichsst. 242.
441	Flittner	Stadtgerichtsrath	Berlin, Lindenstr. 23.
442	Florschütz	Kreisrichter	Hagen.
443	Forck	Stadtrichter	Berlin.
444	Francke	Kreisgerichts-Direktor	Suhl.
445	Frank	Kreisgerichtsrath	Crossen a. O.
446	Franken	Advokat	Crefeld.
447	Franz	Justizrath, Rechtsanwalt	Naumburg a. S.
448	Frech	Ober-Tribunalsrath	Berlin, Bellevuestr. 7.
449	Frech	Staatsanwalt	Berlin, Hirschelstr. 27 a.
450	Fretzdorff	Justizrath, Rechtsanwalt	Berlin, Krausenstr. 37.
451	Freund	Kreisgerichtsrath	Halle a. S.
452	Fricciuս	Justizrath, Divisions-Audit.	Berlin, Dessauerstr. 11.
453	Dr. Friedberg	Geh. Ober-Justizrath u. vortr. Rath im Justiz-Minist.	Berlin, Hafenplatz 2.
454	Dr. Friedenthal	Landrath	Grottkau
455	Friedländer	Geh. Ober-Justizrath	Berlin.
456	Dr. Gad	Kreisrichter	Sagan.
457	Geck	Kreisgerichtsrath	Werden a. R.
458	August Geck	Rechtsanwalt	Hagen.
459	Gedicke	Bergrath und Bergamts-Justitiar	Breslau.
460	Dr. Gehbler	Kreisrichter	Filehne.
461	Geißel	Appellationsger.-Referendar	Cottbus.
462	Gelineck	Justizrath, Rechtsanwalt	Breslau, Gartenstr. 32b.
463	Dr. Gerhard	Staatsanwaltsgehülfe	Labiau in Ost-Pr.
464	v. Gerhard	Syndikus	Königsberg in Pr.
465	Gerlach	Ober-Staatsanwalt	Marienwerder.
466	Gesenius	Stadtrath	Berlin, Potsdamerst. 38.
467	Geßler	Justizrath, Rechtsanwalt	Bromberg.
468	Giehlow	Staatsanwalt	Danzig.

Nr.	Name.	Stand.	Wohnort.
469	Gierse	Rechtsanwalt	Münster.
470	Giesinger	Kreisrichter	Wollstein.
471	Dr. Gitzler	Professor der Rechte	Breslau.
472	Glasewald	Kreisrichter	Naumburg a. S.
473	Dr. Gneist	Professor	Berlin, Mohrenstr. 6.
474	Gödecke	Justizrath, Rechtsanwalt	Halle a. S.
475	Göring	Kreisrichter	Schlawe (Pommern).
476	Götze	Appellationsgerichtsrath	Frankfurt a. O.
477	Goldstandt	Gerichts-Assessor	Berlin, Oranienstr. 108.
478	Goltdammer	Ober-Tribunalsrath	Berlin, Askanischer Pl. 4.
479	Gottschalk	Kreisrichter	Bielefeld.
480	v. Grävenitz	Staatsanwalt	Danzig.
481	Grashof	Kreisgerichtsrath	Halberstadt.
482	v. Groddeck	Rechtsanwalt	Schwetz.
483	Grolp	Rechtsanwalt	Neustadt in West-Pr.
484	Gropius	Ober-Staatsanwalt	Naumburg a. S.
485	Gubitz	Notar	Berlin, Heiligegeiststr. 13.
486	Dr. Güterbock	Stadtrichter	Königsberg in Pr.
487	Haack	Rechtsanwalt	Glogau.
488	Haase	Rechtsanwalt	Zehdenick.
489	Hachtmann	Appellationsgerichtsrath	Naumburg a. S.
490	Dr. Häberlin	Professor	Greifswald.
491	Häckel	Kreisrichter	Freienwalde a. O.
492	Hänisch	Rechtsanwalt	Colberg.
493	Hagemeister	Kreisrichter	Stralsund.
494	Hahndorff	Kreisgerichts-Direktor	Guben.
495	Hammerfeld	Rechtsanwalt	Berlin, Burgstr. 29.
496	Hanff	Justizrath, Rechtsanwalt	Frankfurt a. O.
497	Hanke	Justizrath	Eilenburg (Prov. Sachs.)
498	Hantusch	Kreisgerichts-Direktor	Wollstein.
499	v. Hartmann	Kreisgerichts-Direktor	Habelschwerdt.
500	Hauschteck	Staatsanwalt	Stralsund.
501	Haushalter	Rechtsanwalt	Wernigerode.
502	Hay	Rechtsanwalt	Insterburg.
503	Hayn	Justizrath, Rechtsanwalt	Breslau, Ring 19.

Nr.	Name.	Stand.	Wohnort.
504	Dr. Heffter	Geh. Ober-Tribunalsrath u. Professor	Berlin, Leipziger Pl. 19.
505	Heidenreich	Erster Bibliothekar des Ober-Tribunals	Berlin.
506	Heidsieck	Rechtsanwalt	Rahden (R.-B. Minden).
507	Heilborn	Stadtrichter	Berlin, Bendlerstr. 23.
508	Heimbrod	Kreisgerichts-Direktor	Rybnik.
509	Dr. Heimsoeth	Geh. Ober-Justizrath und Präsident	Cöln.
510	Heinsius	Kammergerichts-Referendar	Berlin, Bernburgerstr. 3.
511	Heintze	Justizrath, Rechtsanwalt	Frankfurt a. O.
512	Heinzel	Justizrath, Rechtsanwalt	Bunzlau.
513	Hempel	Justizrath, Rechtsanwalt	Weißenfels.
514	Hermanni	Stadtgerichtsrath	Berlin, Louisenstr. 25.
515	Herms	Gerichts-Assessor	Freienwalde a. O.
516	Hermann I	Gerichts-Assessor	Berlin, N. Friedrichsst. 45.
517	Herz	Stadtgerichtsrath	Berlin.
518	Herzfeld	Rechtsanwalt	Insterburg.
519	Herzfeld	Rechtsanwalt	Sprottau.
520	Heß	Kreisgerichtsrath	Glatz.
521	Dr. Heydemann	Geh. Justizrath u. Professor	Berlin.
522	Hiersemenzel	Stadtrichter	Berlin, Schönebergerst. 26.
523	Hillmar	Justizrath, Rechtsanwalt	Cöslin.
524	Hilse I.	Kammergerichts-Referendar	Berlin, Linienstr. 132.
525	Hilse II.	Kammergerichts-Auskultator	Berlin, Linienstr. 131/2.
526	Hinrichs	Kreisrichter	Halle a. S.
527	Dr. Hinschius	Justizrath, Rechtsanwalt	Berlin, Burgstr. 16.
528	Höniger	Gerichts-Assessor	Berlin, Alexanderstr. 44.
529	Dr. Höpner	Geh. Justizrath	Frankfurt a. O.
530	Dr. Höpner	Ober-Tribunalsrath	Berlin, Leipziger Pl. 1a.
531	Hoffmann	Kreisgerichtsrath	Graudenz.
532	Hohnhorst	Rechtsanwalt	Oppeln.
533	v. Holleben	Ober-Tribunalsrath	Berlin, Anhalt. Comm. 7.
534	Holthoff	Rechtsanwalt	Berlin.
535	Dr. F. v. Holtzendorff	Professor	Berlin.

Nr.	Name	Stand.	Wohnort.
536	Horn	Kreisgerichts-Direktor und Ober-Landesgerichtsrath	Naumburg a. S.
537	Horst	Justizrath, Rechtsanwalt	Breslau.
538	Dr. Horwitz	Rechtsanwalt	Grüneberg (Ob.-Schl.).
539	Dr. Hotho	Professor und Direktor des K. Kupferstich-Museums	Berlin.
540	Huck	Kreisrichter	Zehden.
541	Hübener	Stadtgerichts-Direktor	Berlin, Grabenstr. 34.
542	Humbert	Stadtgerichtsrath	Berlin, Thiergartenst. 10.
543	Hundrich	Rechtsanwalt	Waldenburg (Ob.-Schl.).
544	Jacobi	Kammergerichtsrath	Berlin.
545	Jancke	Direktor der Gerichts-Deput.	Rathenow.
546	Jeiseck	Appellationsgerichtsrath	Posen.
547	Jensen	Kreisrichter	Charlottenburg.
548	Jenthe	Rechtsanwalt	Falkenberg (Ob.-Schl.).
549	Jeschke	Gerichts-Assessor	Halberstadt.
550	Jester	Justizrath, Rechtsanwalt	Königsberg in Pr
551	Joël	Rechtsanwalt	Greiffenberg (Schlesien).
552	Th. Jonas	Appellationsgerichtsrath	Frankfurt a. O.
553	Jordan	Rechtsanwalt	Ragnit.
554	Ißmer	Justizrath, Rechtsanwalt am Ober-Tribunal	Berlin, Friedrichsstr. 18.
555	Jung	Geh. Justizrath, Rechtsanwalt am Ober-Tribunal	Berlin, Schifferstr. 7.
556	Jungwirth	Rechtsanwalt	Magdeburg.
557	Just	Justizrath, Rechtsanwalt	Neu-Stettin.
558	Kanngießer	Ober-Staatsanwalt	Greifswald.
556	Karlowa	Auditeur	Bonn.
560	Keibel	Gerichts-Assessor	Berlin, Stralauerstr. 52.
561	Kelch	Rechtsanwalt	Potsdam.
562	Kempe	Rechtsanwalt	Stargardt (Pommern).
563	Keßler	Staatsanwalt	Burg (bei Magdeburg).
564	Frhr. v. Keudell	Regierungs-Assessor	Breslau.
565	v. Kitzing	Appellationsgerichtsrath	Münster.
566	Kleine	Regierungs-Assessor	Breslau.

Nr.	Name.	Stand.	Wohnort.
567	Klimowicz	Rechtsanwalt	Königsberg in Pr.
568	Klinkmüller	Kreisgerichtsrath	Luckau.
569	Klotz	Kreisgerichtsrath	Berlin, Schönebergerst. 27.
570	Knauth	Kreisgerichtsrath	Merseburg.
571	Kneusel	Kreisrichter	Cosel.
572	Kneusel	Rechtsanwalt	Ratibor.
573	Knorr	Kreisgerichtsrath	Lützen.
574	Knorr	Rechtsanwalt	Culm.
575	Koch	Kreisgerichts-Direktor	Rothenburg O.-L.
576	Koch	Staatsanwalt	Trebnitz.
577	Koch	Stadtrichter	Danzig.
578	Kochann	Stadtgerichtsrath	Berlin, Hollmannsstr. 20.
579	v. Kölichen	Kreisrichter	Rothenburg a. d. N.
580	König	Justizrath, Advokatanwalt	Cleve.
581	König	Rechtsanwalt	Leobschütz (Ober-Schl.).
582	Koffka	Rechtsanwalt	Frankfurt a. O.
583	Kohleis	Kreisrichter	Ostrowo.
584	Kolbe	Rechtsanwalt und Notar	Crossen a. O.
585	Kolk	Kreisgerichtsrath	Berlin, Bernburgerst. 31.
586	Korb	Rechtsanwalt	Breslau, Junkerstr. 31.
587	Korn	Gerichts-Assessor	Quedlinburg.
588	Kortenbeit'l	Kreisrichter	Templin.
589	Kortum	Gerichts-Assessor	Halberstadt.
590	Kosegarten	Appellationsger.-Referendar	Halberstadt.
591	Kosmann	Ober-Tribunalsrath	Berlin, Potsdamerstr. 82.
592	v. Kräwel	Appellationsgerichtsrath	Naumburg a. S.
593	Kramer	Justizrath, Advokatanwalt	Düsseldorf.
594	Krech	Gerichts-Assessor	Berlin, Friedrichsstr. 126.
595	Kremkow	Rechtsanwalt	Gleiwitz.
596	Kremnitz	Justizrath, Rechtsanwalt	Berlin, Wallstr. 7.
597	Kretschmann	Rechtsanwalt	Burg (bei Magdeburg).
598	Krüger	Stadtrichter	Berlin, Ritterstr. 23.
599	Krug	Appellationsgerichtsrath	Naumburg a. S.
600	Kühn	Justizrath, Rechtsanwalt	Pyritz.
601	Kühnas	Kreisrichter	Torgau.

E*

Nr.	Name.	Stand.	Wohnort.
602	Kühne	Kreigerichtsrath, Mitglied der Gesetz-Revis.-Commission	Berlin, Köthenerstr. 17.
603	Kühne	Kreisrichter	Prettin bei Torgau.
604	Kühnemann	Geh. Finanzrath und Haupt-Bankjustitiar	Berlin.
605	Dr. Kühns	Privatdocent	Berlin, Köthenerstr. 17.
606	Küttner	Appellationsgerichtsrath	Posen.
607	Kuhr	Kreisrichter	Grottkau.
608	Kummert	Appellationsger.-Referendar	Gardelegen.
609	v. Kunowski	Kreisgerichts-Direktor	Beuthen (Ober-Schl.)
610	Kurlbaum	Kreisrichter	Zossen.
611	Kurlbaum	Stadtrichter	Magdeburg.
612	Kuwert	Rechtsanwalt	Kaukehmen.
613	Lambrecht	Kreisgerichtsrath	Lobsens.
614	Landwehr	Notar	Cöln.
615	Lasker	Gerichts-Assessor	Berlin, Friedrichsstr. 87.
616	Laué	Gerichts-Assessor	Berlin, Jerusalemerst. 34.
617	Lauhn	Staatsanwalt	Naumburg a. S.
618	Leonh. Lehfeldt	Kammergerichts-Referendar	Berlin, Kronenstr. 12/13.
619	Lehmann	Advokatanwalt	Cöln.
620	Leißring	Appellationsger.-Referendar	Halle a. S.
621	Lent	Rechtsanwalt	Breslau.
622	Lenz	Rechtsanwalt	Greifswald.
623	Leonhard	Rechtsanwalt	Beuthen (Ober-Schles.).
624	Leonhard	Rechtsanwalt	Grüneberg.
625	Lepsius	Appellationsgerichtsrath	Naumburg a. S.
626	Leske	Staatsanwalt	Schneidemühl.
627	Dr. Lette	Präsident des Revis.-Coll. für Landeskultursachen	Berlin, Linksstr. 43.
628	Lewald	Rechtsanwalt	Berlin, Kurstr. 51.
629	Lewald	Stadt- u. Kreisrichter	Danzig, Holzmarkt 1.
630	Liebert	Justizrath, Rechtsanwalt	Danzig.
631	Liebmann	Stadtgerichtsrath	Berlin, Leipzigerstr. 17.
632	Liman	Stadtgerichtsrath	Berlin, Leipziger Pl. 12.
633	Lindemann	Rechtsanwalt	Habelschwert (Schles.).

Nr.	Name.	Stand.	Wohnort.
634	Lindner	Kreisrichter	Behrend bei Danzig.
635	Lipke	Rechtsanwalt	Schwetz.
636	Graf zur Lippe	Justiz-Minister	Berlin.
637	v. Löper	Justizrath	Berlin, Kochstr. 58.
638	Löper	Rechtsanwalt	Wittenberg (Dep. Naumburg).
639	Löwenberg	Kammergerichts-Auskultator	Berlin, Bellevuestr. 14.
640	Loreck	Rechtsanwalt	Heiligenstadt.
641	v. Lossow	Staatsanwalt	Wreschen.
642	Dr. Louis	Kreisgerichtsrath	Berlin, Victoriastr. 32.
643	v. Luck	Staatsanwalt	Potsdam.
644	Lüdicke	Justizrath, Rechtsanwalt	Berlin, Kronenstr. 28.
645	Maaß	Stadtgerichtsrath	Berlin, Neuenburgerst. 24.
646	Macco	Rechtsanwalt	Siegen.
647	Makower	Gerichts-Assessor	Berlin, Behrenstr. 5.
648	Mallison	Rechtsanwalt	Carthaus (Westpreuß.).
649	Martins	Landgerichtsrath	Elberfeld.
650	Martins	Stadtrath	Görlitz.
651	Martiny	Rechtsanwalt	Kaukehmen.
652	Maaß	Appellationsger.-Auskultator	Anclam.
653	Mayet	Justizrath, Rechtsanwalt	Berlin, Werd. Markt 4.
654	Meibauer	Kreisrichter	Schivelbein.
655	v. Meibohm	Geh. Justizrath	Berlin.
656	Meier	Geh. Justiz- u. vortr. Rath im Justiz-Ministerium	Berlin, Eichhornstr. 1.
657	Meischeider	Kreisrichter	Liegnitz.
658	Meißner	Kreisgerichts-Direktor und Ober-Landesgerichtsrath	Quedlinburg.
659	Metz	Kreisgerichtsrath	Brandenburg a. H.
660	Meyen	Staatsanwalt	Berlin, Charlottenst. 97.
661	Meyer	Ober-Tribunalsrath	Berlin, Schellingstr. 5.
662	H. Meyer	Rechtsanwalt	Insterburg.
663	Siegm. Meyer	Gerichts-Assessor	Berlin.
664	Meyn	Rechtsanwalt	Berlin, Brüderstr. 2.
665	Michaelis	Kreisrichter	Worbis.

Nr.	Name.	Stand.	Wohnort.
666	Mier	Rechtsanwalt	Neustadt (Ober-Schles.)
667	Minsberg	Rechtsanwalt	Bunzlau (Schlesien).
668	Mitscher	Kammergerichts-Referendar	Berlin, Mühlenst. 59/60.
669	Model	Stadtgerichtsrath	Berlin.
670	Dr. Mommsen	Professor, Mitglied der Akademie der Wissenschaften	Berlin, Neuenburgerst. 31.
671	Moritz	Rechtsanwalt	Magdeburg.
672	Moßner	Rechtsanwalt	Luckenwalde.
673	Mühlbach	Kreisgerichtsrath	Stargard (Pommern).
674	von u. zur Mühlen	Wirkl. Geh. Ober-Justizrath	Berlin.
675	Mühlenbeck	Oberlandesger.-Assessor a. D. u. Gutsbesitzer	Großwachlin bei Stargard in Pommern.
676	Müller	Kreisgerichtsrath	Bromberg.
677	v. Müller	Kreisgerichtsrath	Rothenburg (Dep. Glogau).
678	Müller	Staatsanwalt	Berlin.
679	B. Müller	Kreisgerichts-Direktor	Birnbaum.
680	Gust. Müller	Appellationsgerichtsrath	Glogau.
681	zur Nedden	Staatsanwalt	Bochum.
682	Nessel	Staatsanwalt	Breslau.
683	Neumann	Kreisgerichtsrath	Brandenburg a. H.
684	Niedt	Rechtsanwalt	Labiau.
685	Niewandt	Justizrath, Rechtsanwalt	Weißenfels.
686	Noah	Geh. Ober-Regierungs- und vortr. Rath i. Min. d. J.	Berlin.
687	v. Nordenskjöld	Stadtgerichtsrath	Berlin.
688	Oberkampff	Rechtsanwalt	Tilsit.
689	Odebrecht	Geh. Justizrath, Kreisgerichts-Direktor	Berlin.
690	Oehr	Rechtsanwalt	Gleiwitz.
691	Oelschläger	Staatsanwaltsgehülfe	Schwetz.
692	Oelzen	Kreisgerichtsrath	Merseburg.
693	Opitz	Reg.-Assessor u. Spec.-Commissar der Gen.-Commiss. zu Merseburg	Cölleda (Reg.-Bez. Merseburg).

Nr.	Name.	Stand.	Wohnort.
694	Oppenheim	Stadtgerichtsrath	Berlin, Behrenstr. 67.
695	Orlop	Rechtsanwalt	Halberstadt.
696	Orthmann	Ober-Staatsanwalt	Cöslin.
697	v. Ossowski	Stadtgerichtsrath	Berlin, Linkstr. 11.
698	Palmié	Kreisgerichtsrath	Halberstadt.
699	Panse	Rechtsanwalt	Cölleda (Reg.-Bez. Merseburg).
700	Pappritz	Stadtrichter	Berlin, Matthieustr. 2.
701	L. Parisius	Kreisrichter	Gardelegen.
702	Parrisius	Kreisgerichtsrath	Brandenburg a. H.
703	v. Patow	Staats- u. Finanz-Min. a. D.	Berlin.
704	Peters	Rechtsanwalt	Wittenberg (Dep. Naumburg).
705	Petersen	Rechtsanwalt	Breslau.
706	Petiscus	Rechtsanwalt	Oels.
707	Petsch	Gerichts-Assessor	Berlin, Grenadierstr. 26.
708	Pezenburg	Rechtsanwalt	Frankfurt a. O.
709	Pfleßer	Kreisgerichtsrath	Görlitz.
710	Philippi	Landgerichts-Präsident	Elberfeld.
711	Pietzker	Justizrath, Rechtsanwalt	Naumburg a. S.
712	Pinckert	Justizrath, Rechtsanwalt	Erfurt.
713	v. Piper	Kreisgerichtsrath	Wriezen.
714	Pitzschky	Justizrath, Rechtsanwalt	Stettin.
715	Plathner	Kammergerichtsrath	Berlin, Friedrichsstr. 16.
716	Plathner	Justizrath, Rechtsanwalt	Breslau.
717	Plato	Rechtsanwalt	Colberg.
718	Pohlandt	Kreisgerichtsrath	Spandau.
719	Pohle	Rechtsanwalt	Guben.
720	Polenz	Rechtsanwalt	Naumburg a. S.
721	Primker	Stadtrichter	Breslau.
722	Pudor	Kammergerichts-Referendar	Berlin, Schönhauser Allee 134.
723	Dr. Pütter	Professor	Greifswald.
724	v. Puttkammer	Gerichts-Assessor	Frankfurt a. O.
725	v. Radecke	Staatsanwalt	Torgau.

Nr.	Name.	Stand.	Wohnort.
726	Rahn	Kreisrichter	Glatz.
727	de Rège	Geh. Ober-Justizrath, Appellationsgerichts-Präsident	Posen.
728	Reich	Kreisgerichtsrath	Stettin.
729	Reincke	Kreisrichter	Regenwalde.
730	Ribbeck	Geh. Regierungs- u. vortr. Rath im Minist. d. Inn.	Berlin, Schellingstr. 15.
731	Ribbentropp	Landgerichtsrath	Posen.
732	Frhr. v. Richthofen	Stadtrichter	Breslau.
733	Paul Rieß	Gerichts-Assessor	Berlin, Neue Prom. 1.
734	Rittler	Rechtsanwalt	Torgau.
735	A. Rivier	Doktor der Rechte	Berlin, U. d. Linden 33.
736	Röber	Kreisrichter	Lindow.
737	Dr. Röder	Gerichts-Assessor	Dortmund.
738	Romberg	Gerichts-Assessor	Berlin.
739	Romeiß	Rechtsanwalt	Sangerhausen.
740	Rommel	Gerichts-Assessor	Trier.
741	Rosenkranz	Justizrath, Rechtsanwalt	Bromberg.
742	Dr. Rubo	Kammergerichts-Referendar	Berlin, Potsdamerst. 139.
743	Rubo	Doktor der Rechte	Berlin, Potsdamerst. 139.
744	Rudolph	Kreisrichter	Märkisch Friedland.
745	Sabarth	Rechtsanwalt	Ratibor.
746	Sack	Justizrath, Rechtsanwalt	Essen.
747	Sack	Gerichts-Assessor	Bielefeld.
748	Salomonsohn	Gerichts-Assessor	Berlin, Werdermarkt 36.
749	Dr. Sammter	Stadtrath	Posen.
750	Sander	Rechtsanwalt	Arnswalde.
751	Sartorius	Kreisrichter	Angerburg.
752	Sauerteig	Rechtsanwalt	Eilenburg.
753	Schäfer	Stadt- u. Kreisrichter	Wollmirstedt.
754	Scharff	Kreisgerichtsrath	Jauer (Schlesien).
755	Schede	Justizrath, Rechtsanwalt, Universitätsrichter	Halle a. S.
756	Scheller	Justizrath, Rechtsanwalt	Elbing.
757	Scheurich	Rechtsanwalt	Crossen.

Nr.	Name.	Stnd.	Wohnort.
758	Schiebler	Kreisrichter	Straußberg.
759	v. Schimmelpfennig	Rechtsanwalt	Gerdauen.
760	Schlieben	Kreisrichter	Stargard i. P.
761	Schlomka	Kreisrichter	Erfurt.
762	Schlüter	Rechtsanwalt	Witten.
763	Schmidt	Geh. Justizr., Rechtsanwalt	Marienwerder.
764	Schmidt	Kreisrichter	Hainau (Schlesien).
765	Schmidt	Kammergerichts-Referendar	Berlin, Dorotheenstr. 63.
766	Dr. Schönberg	Appellationsger. - Auskultator	Stettin, Louisenstr. 4.
767	Schöneseiffen	Advokat	Gladbach (bei Düsseld.).
768	Schönstedt	Kreisrichter	Seehausen i. d. Altmark.
769	Schörke	Rechtsanwalt	Belgard.
770	Schollmeyer	Kreisrichter	Cremmen.
771	Schröder	Gerichts-Assessor u. Special-Commissarius	Tarnowitz.
772	Schück	Strafanstalts-Direktor	Breslau.
773	Schütz II	Ober-Tribunalsrath	Berlin, Ritterstr. 33.
774	Schuhmann	Geh. Regierungsrath	Berlin.
775	Schultz	Rechtsanwalt	Wanzleben.
776	Schultze	Kreisrichter	Neuwied.
777	Schultz-Völker	Justizrath, Rechtsanwalt	Bromberg.
778	Schulz	Gerichts-Assessor	Berlin, Leipzigerstr. 14.
779	Schulze	Rechtsanwalt	Spandau.
780	Schuster	Rechtsanwalt	Eisleben.
781	Schwartz	Gerichts-Assessor	Berlin, Mohrenstr. 26.
782	Schwarz	Rechtsanwalt	Berlin, Jüdenstr. 18.
783	Schwarz	Kreisgerichtsrath	Greifswald.
784	Schwerin	Kreisrichter	Sommerfeld.
785	Graf v. Schwerin-Putzar	Staats- u. Minist. d. J. a. D.	Berlin.
786	Dr. Frhr. v. Seckendorf	Ober-Tribunalsrath	Berlin, Potsdamerstr. 20.
787	Seemann	Kreisgerichts-Direktor	Spremberg.
788	Sehlmacher	Rechtsanwalt	Pyritz.

Nr.	Name.	Stand.	Wohnort.
789	Dr. Paul Seidels	Dr. jur.	Berlin, Kronenstr. 24.
790	Severin	Kreisgerichtsrath	Swinemünde.
791	v. Seydewitz	Kreisrichter	Wittenberg.
792	Siegert	Gerichts-Assessor	Breslau.
793	Siemens	Rechtsanwalt a. Ob. Trib.	Berlin, Markgrafenst. 94.
794	Siemens	Kammerger.-Auskultator.	Berlin.
795	Dr. Silberschlag	Stadt- u. Kreisrichter	Magdeburg.
796	Simon	Justizrath, Rechtsanwalt	Breslau, Junkerstr. 2.
797	Simon	Kreisrichter	Nauen.
798	Dr. Simons	Justiz-Minister a. D.	Berlin.
799	Simonson	Rechtsanwalt	Berlin, Franz. Str. 33 c.
800	Dr. Simson	Appellationsger.-Vice-Präsid.	Frankfurt a. O.
801	Simson	Rechtsanwalt	Berlin, Jägerstr. 23.
802	Slevogt	Justizrath, Rechtsanwalt	Berlin, Mühlendamm 5.
803	Sönderop	Rechtsanwalt	Stargard (Pommern).
804	Spangenberg	Kammer-Direktor	Carolath.
805	v. Spangenberg	Kreisgerichtsrath	Bunzlau.
806	Spickhoff	Advokatanwalt	Düsseldorf.
807	Spiegelthal	Rechtsanwalt	Calbe a. S.
808	Stegemann	Rechtsanwalt	Halberstadt.
809	Stegemann	Staatsanwalt	Wriezen.
810	Steinbeck	Kreisgerichts-Direktor	Brandenburg a. H.
811	Steinhausen	Stadtgerichtsrath	Berlin.
812	Stelzer	Rechtsanwalt	Torgau.
813	Stephany	Stadtgerichtsrath	Berlin.
814	Stieffel	Gerichts-Assessor	Dierdorf.
815	Stöpel	Staatsanwalt	Potsdam.
816	v. Stöphasius	Stadt- u. Kreisgerichts-Präsident	Magdeburg.
817	Stößell	Kreisrichter	Stolp.
818	Dr. Stolp	Red. der Monatsschrift für Deutsches Städte- u. Gemeindewesen.	Frankfurt a. O.
819	Dr. Straß	Kreisjustizrath a. D., Rechtsanwalt	Berlin, Leipzigerstr. 65.

Nr.	Name.	Stand.	Wohnort.
820	Stubenrauch	Rechtsanwalt	Berlin, Schützenstr. 25.
821	Sutro	Rechtsanwalt	Meschede.
822	Sydow	Geh. Justizrath und vortrag. Rath i. Justiz-Minist.	Berlin, N. Friedrichsst. 79.
823	Teichen	Kreisrichter	Loitz in Neuvorpommern.
824	Teichmann	Rechtsanwalt	Breslau, Tauenzienpl. 6.
825	Tellemann	Gerichts-Assessor	Naumburg a. S.
826	Tepler	Appellationsgerichtsrath	Naumburg a. S.
827	Teßmar	Rechtsanwalt	Stargard (Pommern).
828	Teßmar	Kreisgerichts-Direktor	Lauenburg (Pommern).
829	Theremin	Gerichts-Assessor	Goldberg (Schlesien).
830	Thesing	Rechtsanwalt	Stallupönen.
831	Dr. Thesmar	Advokat-Anwalt	Cöln.
832	v. Thielenfeld	Justizrath, Rechtsanwalt	Frankfurt a. O.
833	Thilo	Gerichts-Assessor	Breslau.
834	v. Tippelskirch	Ober-Staatsanwalt	Stettin.
835	Treff	Rechtsanwalt	Wittenberg (Dep. Naumburg).
836	v. Twardowski	Appellationsgerichts-Referendar	Stettin (Wollweberstr.).
837	Twesten	Stadtgerichtsrath	Berlin, Kommandantenstraße 84.
838	Ukert	Stadt- u. Kreisgerichts-Direktor	Danzig.
839	Franz Ulrici	Appellationsgerichtsrath	Frankfurt a. O.
840	Bernhard Ulrici	Appellationsger.-Referendar	Frankfurt a. O.
841	Valentin	Justizrath, Rechtsanwalt	Berlin, Jägerstr. 35.
842	Valois	Rechtsanwalt	Dirschau.
843	Völtz	Justizrath, Rechtsanwalt	Danzig.
844	Vogel	Kreisrichter	Cölleda (Reg.-Bez. Merseburg).
845	Vogler	Justizrath, Rechtsanwalt	Berlin, Unterwasserst. 9a.
846	Voigt	Kreisgerichtsrath	Greiffenhagen.
847	Volkmar	Justizrath, Rechtsanwalt am Ober-Tribun.	Berlin, Lindenstr. 3.

Nr.	Name.	Stand.	Wohnort.
848	Volkmar	Gerichts-Assessor	Berlin, Französ. Str. 48.
849	Volkmer	Gerichts-Assessor	Breslau.
850	Wache	Kammergerichts-Assessor a. D.	Berlin, Neuer Markt 4.
851	Wagner	Justizrath, Rechtsanwalt am Ober-Tribunal	Berlin, Ritterstr. 36.
852	Dr. Waldeck	Ober-Tribunalsrath	Berlin, Linkstr. 19.
853	Walder	Kreisgerichtsrath	Brandenburg a. H.
854	Dr. Graf von Wartensleben	Stadtgerichtsrath	Berlin, Kochstr. 73.
855	Weber	Justizrath, Rechtsanwalt	Berlin, Brüderstr. 11.
856	Weber	Advokat	Elberfeld.
857	Max Weber	Dr. jur.	Berlin, Hirschelstr. 16.
858	v. Wegner	Ober-Tribunalsrath	Berlin.
859	Wegner	Justizrath, Rechtsanwalt	Berlin, Poststr. 15.
860	Wegner	Gerichts-Assessor	Berlin, Poststr. 15.
861	Wegner	Kreisrichter	Stolp.
862	Dr. Weigel	Syndikus	Breslau.
863	Wentzel	Kreisrichter	Wriezen a. O.
864	Wenzel	Stadtgerichtsrath	Berlin.
865	Dr. Wenzig	Rechtsanwalt	Berlin, Mohrenstr. 61.
866	Werner	Kammergerichts-Referendar	Berlin, Mühlendamm 22.
867	Westphal	Gerichts-Assessor	Halle a. S.
868	Westphal	Appellationsgerichtsrath	Naumburg a. S.
869	Wettke	Kreisrichter	Mohrungen (Ostpr.).
870	Weymann	Kreisrichter	Bärwalde i. d. Neumark.
871	Wiener	Rechtsanwalt	Ohlau (Schlesien).
872	Wilke	Rechtsanwalt	Berlin, Heiligegeiststr. 51.
873	Wilke	Gerichts-Assessor	Berlin, Potsdamerst. 139.
874	v. Wilmowski	Geh. Finanzrath	Berlin, Bendlerstr. 22.
875	v. Wilmowski	Rechtsanwalt	Schlawe (Pommern).
876	Winkler	Rechtsanwalt	Gleiwitz.
877	Winkler	Kreisrichter	Halle a. S.
878	v. Winter	Geh. Regierungs- u. vortr. Rath im Ministerium des Innern	Berlin.

Nr.	Name.	Stand.	Wohnort.
879	Wippermann	Rechtsanwalt	Torgau.
880	Witte	Stadtrichter	Berlin.
881	Dr. Wittgenstein	Kammergerichts-Referendar	Berlin, Französischestr. 14
882	Wölfel	Rechtsanwalt	Lützen bei Merseburg.
883	Wolf	Stadt- u. Kreisrichter	Magdeburg.
884	Wolff	Justizrath, Rechtsanwalt am Ober-Tribunal	Berlin, Dorotheenstr. 47.
885	Wolff	Rechtsanwalt	Berlin, N. Friedrichsstr. 50.
886	Wolff	Rechtsanwalt	Prenzlau.
887	Wolff	Rechtsanwalt	Schubin bei Bromberg.
888	Wolff	Kreisgerichtsrath	Strehlen.
889	Wollank	Stadtgerichtsrath	Berlin.
890	Wollenschläger	Appellationsgerichtsrath	Marienwerder.
891	Wollny	Geh. Finanzrath	Berlin, Kochstr. 19.
892	Zenthöfer	Kreisrichter	Rybnick.
893	v. Zerbst	Appellationsgerichtsrath	Greifswald.
894	v. Ziehlberg	Rechtsanwalt	Tuchel (Westpreußen).
895	Zimmermann	Doktor der Rechte	Berlin, Mohrenstr. 26.
896	Dr. Zöllner	Staats-Anwalt	Potsdam.

Fürstenthum Reuß.

897	Dr. v. Geldern	Wirkl. Geh. Rath	Gera.
898	Dr. Liebich	Criminalrath	Lobenstein.
899	Süßenguth	Rechtsanwalt	Lobenstein.

Königreich Sachsen.

900	Abeken	Gerichtsrath	Dresden.
901	Ackermann	Hofrath, Finanzprokurator u. Rechtsanwalt	Dresden.
902	Ahnert	Gerichtsamtsaktuar	Großenhain.
903	Anschütz	Advokat	Leipzig.
904	Bachmann	Rechtsanwalt	Pulsnitz.
905	Bachmann	Rechtsanwalt und Notar	Zwickau.

Nr.	Name.	Stand.	Wohnort.
906	C. Bähr	Dr. jur. und Bacc. jur.	Dresden.
907	Bassenge	Bezirksgerichtsaktuar	Dresden.
908	Beeger	Rechtsanwalt	Löbau.
909	Dr. v. Behr	Justiz-Minister	Dresden.
910	Bennewitz	Rechtsanwalt	Leipzig.
911	Bermann	Gerichtsamtmann	Zöblitz.
912	Berndt	Gerichtsamtmann	Geithain.
913	Bernhardi	Gerichtsamts-Assessor	Stollberg bei Chemnitz.
914	Beschorner	Finanz-Prokurator	Dresden.
915	Böhmer	Amtsaktuar	Lommatzsch.
916	Börner	Bezirksgerichtsaktuar	Löbau.
917	Böttger	Amtsaktuar	Moritzburg.
918	Brockhaus	Dr. jur.	Leipzig.
919	v. Buttlar	Assessor	Chemnitz.
920	Canzler	Rechtsanwalt	Dippoldiswalde.
921	Cunradi	Rechtsanwalt	Dresden.
922	Dietze	Gerichtsamtsaktuar	Königstein.
923	Dr. Dietzel	Professor	Leipzig.
924	W. Döring	Rechtsanwalt	Dresden.
925	Drewitz	Gerichtsamtmann	Dippoldiswalde.
926	Dr. Wilh. Einert	Rechtsanwalt	Leipzig.
927	Moritz Engel	Advokat	Dresden.
928	Eysoldt	Rechtskandidat und Notar	Königsstein.
929	Fasoldt	Rechtsanwalt und Notar	Dresden.
930	Fellner	Gerichtsamtmann	Pulsnitz.
931	Fiedler	Gerichtsamtmann	Tharandt.
932	Fleck	Appellationsrath	Bautzen.
933	Fleck	Finanzprokurator, Rechtsanwalt	Dresden.
934	Flohr	Gerichtsamtmann	Reichenau.
935	Förster	Advokat	Pirna.
936	Fräntzel	Rechtsanwalt	Dresden.
937	Dr. Francke	Aktuar	Dresden.
938	Dr. Friederici	Obergerichts-Advokat	Leipzig.
939	Dr. Friederici jun.	Rechtsanwalt	Leipzig.

Nr.	Name.	Stand.	Wohnort.
940	Friedrich	Gerichtsamtmann	Chemnitz.
941	Friedrich	Rechtsanwalt	Pirna.
942	Gareis	Staatsanwalt	Pirna.
943	Gasch	Rechtsanwalt	Dresden.
944	Gebert	Geh. Justiz- u. Minist.-Rath	Dresden.
945	Dr. Georgi	Advokat	Leipzig.
946	Gerhard	Advokat	Leipzig.
947	Gerlach	Advokat	Dresden.
948	Geyer	Rechtsanwalt und Notar	Dresden.
949	Girardet	Auditeur im Reiter-Regim. Kronprinz	Großenhayn.
950	Dr. Glöckner	Geh. Finanzrath	Dresden.
951	Glöckner	Gerichtsrath	Dresden.
952	Dr. v. Götz	Professor	Leipzig.
953	Gottschalk	Rechtsanwalt	Dresden.
954	v. Gottschalk	Gerichtsamtmann	Rötha.
955	Gräffe	Rechtsanwalt	Dresden.
956	Gutbier	Rechtsanwalt	Dresden.
957	O. v. Gutschmidt	Advokat	Zwickau.
958	Haase	Advokat	Haynichen.
959	Haberkorn	Bürgermeister, Präsident d. II. Kammer d. Ständeversammlung	Zittau.
960	Dr. Hänel	Geh. Rath u. vortrag. Rath im Justiz-Ministerium	Dresden.
961	Härtig	Rechtsanwalt	Großenhain.
962	Hallbauer	Finanz-Prokurator	Meißen.
963	Hartung	Bürgermeister	Schandau.
964	Hartung	Gerichtsamtmann	Königsbrück.
965	Hartwich	Advokat	Pirna.
966	Haße	Advokat und Notar	Chemnitz.
967	Dr. Gustav Haubold	Rechtsanwalt	Leipzig.
968	Heinze	Staatsanwalt	Dresden.
969	Held	Staatsanwalt	Dresden.
970	Helfer	Advokat	Leipzig.

Nr.	Name.	Stand.	Wohnort.
971	Hensel	Bezirksgerichts-Direktor	Budissin.
972	Hermann	Rechtsanwalt	Dresden.
973	Dr. Hertel	Bürgermeister	Dresden.
974	Dr. Hesse	Advokat	Dresden.
975	Heubner	Advokat	Zwickau.
976	Heydenreich	Rechtsanwalt	Dresden.
977	Höfer	Gerichtsamtsaktuar	Grünhein.
978	Höffner	Rechtsanwalt	Nossen.
979	Dr. Hösler	Advokat	Leipzig.
980	Hünich	Advokat	Dresden.
981	Jacobi	Rechtsanwalt	Grimma.
982	Jahn	Gerichtsamtsaktuar	Brand bei Freiberg.
983	Dr. jur. Jannasch	Ober-Bürgermeister a. D.	Dresden.
984	Jaspis	Bezirksgerichtsaktuar	Bautzen.
985	Dr. Jentsch	Rechtsanwalt	Zittau.
986	Dr. Joseph	Rechtsanwalt	Leipzig.
987	Judeich	Advokat	Dresden, Moritzstr. 9.
988	Dr. Kieber	Rechtsanwalt	Dresden.
989	Kleinschmidt	Rechtsanwalt	Leipzig.
990	Klemm	Appellationsrath	Dresden.
991	Klemm	Justizrath u. Ministerialrath	Dresden.
992	Klinger	Rechtsanwalt	Dresden.
993	Dr. Koch	Assessor und Redakteur der Zeit. d. Vereins Deutsch. Eisenbahn-Verwalt.	Leipzig.
994	Theodor Koch	Advokat	Buchholz.
995	Körner	Geh. Rath u. Dep.-Direktor im Kön. Sächs. Min. d. Innern	Dresden.
996	Körner	Rechtsanwalt	Auerbach (Voigtland).
997	Köttig	Rechtsanwalt	Meißen.
998	Kohlschütter	Rechtsanwalt	Dresden.
999	Kretschmar	Advokat	Lichtenstein.
1000	Kretschmar	Rechtsanwalt	Dresden.
1001	Kretschmar	Rechtsanwalt	Großenhain.

Nr.	Name	Stand.	Wohnort.
1002	Dr. Kretschmar	Rechtsanwalt	Leipzig.
1003	Krippendorf	Rechtsanwalt	Dresden.
1004	Krüger	Gerichtsaktuar u. Richter	Zittau.
1005	Dr. Krug	Geh. Justizrath u. vortrag. Rath im Justiz-Minist.	Dresden.
1006	Herrm. Kühn	Rechtsanwalt	Leipzig.
1007	Künzel	Regierungsrath im Min. d. Innern	Dresden.
1008	Küttner	Finanzprokurator, Rechtsanw.	Dresden.
1009	Albert Kuhn	Rechtsanwalt	Dresden.
1010	Moritz Kuhn	Rechtsanwalt	Dresden.
1011	Dr. Kuntze	Professor	Leipzig.
1012	Kuntze	Stadtrath	Meerane.
1013	Kuntzsch	Advokat	Chemnitz.
1014	Lamm	Gerichtsrath	Bautzen.
1015	Landgraff	Rechtskandidat und verpflichteter Protokollant	Löbau.
1016	Langbein	Rechtsanwalt und Notar	Wurzen.
1017	Lauhn	Advokat	Dresden, Liliengasse 13.
1018	Lauhn	Advokatur-Kandidat	Leipzig.
1019	Lehmann	Doctor der Rechte	Leipzig.
1020	E. Lehmann	Notar	Dresden.
1021	Lengnick	Rechtsanwalt und Notar	Dresden.
1022	Leupold	Rechtsanwalt	Dresden.
1023	Lincke	Gerichtsrath	Pirna.
1024	Litzkendorf	Gerichtsamtmann	Löbau.
1025	Lorenz	Finanzprokurator u. Rechtsanwalt	Großenhain.
1026	Lorenz	Rechtsanwalt	Zwickau.
1027	Lucius	Geh. Regierungsrath u. Bezirksgerichts-Direktor	Leipzig.
1028	Lücke	Rechtsanwalt	Zittau.
1029	Matteis	Kriminal-Assessor	Wurzen.
1030	Mehner	Assessor	Radeberg bei Dresden.
1031	Dr. Meischner	Rechtsanwalt u. Notar	Penig.

Nr.	Name.	Stand.	Wohnort.
1032	Meltzer	Bürgermeister u. Advokat	Frankenberg.
1033	v. Metzsch	Assessor	Bautzen.
1034	v. Metzsch	Gerichtsamtsaktuar	Penig.
1035	Miller	Rechtsanwalt u. Notar	Dresden.
1036	Dr. jur. Minckwitz	Rittergutsbesitzer	Thun bei Chemnitz.
1037	Dr. Mirus sen.	Rechtsanwalt	Leisnig.
1038	Dr. Mirus Jun.	Rechtsanwalt	Leisnig.
1039	v. Mücke	Bezirksgerichts-Direktor	Zittau.
1040	Müller	Advokat	Leipzig.
1041	Nake	Rechtsanwalt u. Notar	Dresden.
1042	Neidhardt	Bezirksgerichts-Direktor	Zwickau.
1043	Neubert	Bürgermeister	Dresden.
1044	Dr. Nitzen	Privatdocent	Leipzig.
1045	Noßki	Appellationsrath	Dresden.
1046	Ochernal	Rechtsanwalt	Dippoldiswalde.
1047	Oehme	Rechtsanwalt	Annaberg.
1048	Oertel	Rechtskandidat u. Notar	Radeberg bei Dresden.
1049	Opitz	Finanzprokurator u. Rechtsanwalt.	Dresden.
1050	Orb	Rechtsanwalt u. Notar	Königsstein.
1051	Oßwald	Rechtsanwalt	Borna.
1052	Dr. Osterloh	Professor	Leipzig.
1053	v. Otto	Kais. Russ. Wirkl. Staatsrath und Prof. emer.	Dresden.
1054	Dr. Pappermann	Rechtsanwalt	Dresden.
1055	Petermann	Bacc. jur.	Dresden.
1056	v. Petrikowsky	Gerichtsamtmann	Werdau.
1057	Petsch	Gerichtsrath	Löbau.
1058	Pfotenhauer	Ober-Bürgermeister	Dresden.
1059	Pietsch	Bezirksgerichts-Direktor	Pirna.
1060	Dr. Pilling	Advokat	Dresden.
1061	Pohl	Rechtsanwalt	Frohburg.
1062	Preller	Rechtsanwalt u. Notar	Chemnitz.
1063	Quenzel	Gerichtsamts-Assessor	Schneeberg.
1064	Riedel	Rechtsanwalt	Pomßen bei Grimma.

Nr.	Name.	Stand.	Wohnort.
1065	Roßtäuscher	Staatsanwalt	Bautzen.
1066	Rüger	Bürgermeister, Advokat	Dippoldiswalde.
1067	Rumpelt	Staatsanwalt	Löbau (Sachsen).
1068	Rumpelt	Rechtsanwalt	Radeberg.
1069	Schäffer	Advokat	Dresden.
1070	Dr. Schaffrath	Rechtsanwalt	Dresden.
1071	Schanz	Rechtsanwalt u. Notar	Dresden.
1072	Schedlich	Rechtsanwalt	Rochlitz.
1073	Schedlich	Rechtsanwalt	Crimitschau.
1074	Scheele	Rechtsanwalt	Dresden.
1075	Dr. Schelcher	Rechtsanwalt u. Notar	Dresden.
1076	Schelcher	Rechtsanwalt	Oschatz.
1077	Scheuffler I.	Rechtsanwalt u. Notar	Meißen.
1078	Scheuffler II.	Rechtsanwalt	Meißen.
1079	Schickert	Bürgermeister	Großenhain.
1080	Dr. Schletter	Professor	Leipzig.
1081	Schmid	Rechtsanwalt	Dresden.
1082	Dr. Schmidt	Finanzprokurator	Dresden.
1083	Schmidt	Advokat	Dresden, Landhausstr. 14.
1084	Dr. Schneider	Appellationsger.-Präsident	Dresden.
1085	Dr. Schnell	Rechtsanwalt u. Notar	Zittau.
1086	Schreck	Advokat	Pirna.
1087	Schröter	Rechtsanwalt	Stollberg bei Chemnitz.
1088	Georg Schulz	Notar	Dresden.
1089	Dr. Schwarze	General-Staatsanwalt	Dresden.
1090	Segnitz	Rechtsanwalt	Wermsdorf.
1091	Seyfert	Gerichtsamtmann	Ebersbach (Oberlausitz.)
1092	Dr. Siebdrat	Geh. Justizrath und vortr. Rath im Justiz-Minist.	Dresden.
1093	Siegel	Rechtsanwalt	Glauchau.
1094	Dr. Sierig	Hülfsarbeiter bei der Staatsanwaltschaft	Leipzig.
1095	Sommer	Advokat, Justitiar	Bernstadt.
1096	Stange	Rechtskonsulent	Dresden.
1097	Starke	Gerichtsrath	Leipzig.

Nr.	Name.	Stand.	Wohnort.
1098	Dr. P. Starke	Auditeur	Königsstein (Festung).
1099	Stauß	Rechtsanwalt	Dresden.
1100	Dr. Steche	Stadtrichter	Leipzig.
1101	Dr. Jul. Steeger	Advokat	Dresden.
1102	Dr. Stein	Rechtsanwalt	Dresden.
1103	Steinhäuser	Rechtsanwalt	Plauen.
1104	Dr. Stieber	Appellationsger.-Vice-Präsid.	Bautzen.
1105	Stimmel	Finanzprokurator u. Rechtsanwalt	Plauen.
1106	Stöckel	Staatsanwalt	Chemnitz.
1107	Streit	Bürgermeister	Zwickau.
1108	Stremel	Advokat	Zittau.
1109	Ströbel	Rechtsanwalt	Dresden.
1110	Sulzberger	Rechtsanwalt	Wurzen.
1111	Teucher	Rechtsanwalt	Dresden.
1112	Thiel	Rechtsanwalt	Bautzen.
1113	Thiemann	Hofrath u. Gerichtsamtmann	Dresden.
1114	Thiemer Jun.	Rechtsanwalt	Zittau.
1115	Tietz	Rechtsanwalt	Leipzig.
1116	Dr. Tischer sen.	Advokat	Dresden.
1117	Tscharmann	Advokat	Leipzig.
1118	Wachs	Rechtsanwalt	Leipzig.
1119	Wachsmuth	Advokat	Leipzig.
1120	Dr. v. Wächter	Geh. Rath u. Professor	Leipzig.
1121	Walther	Rechtsanwalt	Meerane.
1122	Dr. C. v. Weber	Ministerialrath u. Direktor des Haupt-Staatsarchivs	Dresden.
1123	Weickert	Advokat	Zwickau.
1124	Weidner	Rechtsanwalt	Zittau.
1125	Weise	Rechtsanwalt	Meißen.
1126	Dr. Weiske	Professor	Leipzig.
1127	Wengler	Gerichtsrath	Bautzen.
1128	Wetzel	Rechtsanwalt	Dresden.
1129	Wilke	Geh. Justizrath, vortr. Rath im Justiz-Ministerium	Dresden.

Nr.	Name.	Stand.	Wohnort.
1130	von Wilm	Kais. Russ. Kollegien-Assessor, Kronanwalt u. Notar	Dresden.
1131	Winter	Advokat	Dresden.
1132	Dr. Winzer	Justizrath, Bezirksgerichts-Direktor	Löbau.
1133	Witschel	Rechtsanwalt	Dresden.
1134	v. Witzleben	Regierungsrath	Leipzig.
1135	Dr. Wolf	Anwalts-Aspirant	Dresden.
1136	Dr. Wolf	Gerichtsrath	Freiberg.
1137	Wolff	Gerichtsamtsaktuar	Chemnitz.
1138	Zacharias	Rechtsanwalt und Notar	Dresden.
1139	Zenker	Finanz-Prokurator	Dresden.
1140	Zimmer	Advokat	Dresden.
1141	Zimmermann	Stifts-Syndikus und Rechtsanwalt	Meißen.
1142	Zumpe I	Rechtsanwalt	Dresden.
1143	Zumpe II	Rechtsanwalt	Dresden.

Herzogthum Sachsen-Altenburg.

1144	Glasser	Advokat	Roda.
1145	Hase	Advokat und Bürgermeister	Schmölln.
1146	Dr. Hase	Appellationsgerichtsrath	Altenburg.
1147	Lippold	Advokat	Altenburg.
1148	Dr. Schenck	Notar	Altenburg.
1149	Staps	Bezirksablösungs-Commissar u. Advokat	Schmölln.
1150	Wagner	Geh. Justiz- u. Appellationsgerichtsrath	Altenburg.

Herzogthum Sachsen-Coburg.

1151	Briegleb	Hofrath und Hofadvokat	Coburg.
1152	Forkel	Justizrath, Rechtsanwalt	Coburg.
1153	v. Holtzendorff	Ober-Staatsanwalt	Gotha.

Nr.	Name.	Stand.	Wohnort.
1154	Hornbostel	Regierungsrath und vortrag. Rath im Staats-Minist.	Gotha.
1155	Knauer	Rechtsanwalt u. Notar	Gotha.
1156	Leop. Oberländer	Bürgermeist. und Hofadvok.	Coburg.

Herzogthum Sachsen-Meiningen.

1157	Albrecht	Appellationsrath und Ober-Staatsanwalt.	Hildburghausen.
1158	Enzian	Gerichts-Assessor	Sonneberg.
1159	Dr. Kircher	Rechtsanwalt u. Regierungs-Fiskal	Meiningen.
1160	Strupp	Rechtsanwalt	Hildburghausen.
1161	Dr. v. Uttenhoven	Staatsrath	Meiningen.

Großherzogthum Sachsen-Weimar.

1162	Berninger	Staatsanwalt am Appellat.-gericht	Eisenach.
1163	Burkhard	Kreisgerichts-Direktor	Eisenach.
1164	Danz	Ober-Appellationsrath und Professor	Jena.
1165	Endemann	Ober-Appellationsrath, Prof.	Jena.
1166	Dr. Frhr. v. Groß	Ober-Staatsanwalt	Eisenach.
1167	Leist	Hofrath u. Professor	Jena.
1168	Dr. Martin	Justizamtmann	Kreuzburg.
1169	Müller	Bezirksdirektor	Neustadt a. O.

Fürstenthum Schwarzburg-Sondershausen.

1170	Dr. Vollert	Kreisgerichts-Assessor	Arnstadt.

Schweiz

1171	Dr. Hugo Mentz	Professor	Bern.

Nr.	Name.	Stand.	Wohnort.
	Fürstenthum Waldeck.		
1172	Steineck	Kreisrichter	Korbach.
	Königreich Württemberg.		
1173	Bacher	Rechtskonsulent	Stuttgart.
1174	Bazing	Oberamtsrichter	Neresheim.
1175	Binder	Ober-Tribunalsrath, Gener.-Staatsanwalt	Stuttgart.
1176	Breitling	Justizreferendar	Röblingen.
1177	Dr. Dove	Professor	Tübingen.
1178	Faber	Ober-Tribunals- und vortr. Rath im Justiz-Minist.	Stuttgart.
1179	Feuerbach	Ober-Justizrath	Ulm.
1180	Frödich	Ober-Amtsrichter	Backnang.
1181	Gärttner	Ober-Regierungsrath	Stuttgart.
1182	Dr. Georgii	Ober-Amtsrichter	Freudenstadt.
1183	Dr. v. Gerber	Kanzler u. Professor	Tübingen.
1184	Dr. Geßler	Professor	Tübingen.
1185	Hagen	Advokat	Neu-Ulm.
1186	Halder	Ober-Amtsrichter	Waldsee.
1187	Hartmeyer	Ober-Amtsrichter	Calw.
1188	Hegelmaier	Ober-Amtsrichter	Geislingen.
1189	Heß	Ober-Justizprokurator	Ulm.
1190	Hölder	Rechtskonsulent	Stuttgart.
1191	Hörner	Ober-Justizrath	Eßlingen.
1192	Frhr. v. Holzschuher	Ober-Justizrath	Stuttgart.
1193	Huber	Ober-Justizrath	Ulm.
1194	Köstlin	Ober-Justizrath	Stuttgart.
1195	Kohlhaas	Ober-Justiz-Assessor	Stuttgart.
1196	Krauß	Ober-Tribunalsrath	Stuttgart.
1197	v. Kronmüller	Ober-Tribunalsrath	Stuttgart.
1198	Graf v. Leutrum	Staatsrath	Stuttgart.
1199	Meyer	Rechtskonsulent	Reutlingen.

Nr.	Name.	Stand.	Wohnort.
1200	Oesterlen	Rechtskonsulent	Stuttgart.
1201	Dr. A. Otto	Rechtskonsulent	Heilbronn.
1202	Dr. Pfeiffer	Professor	Tübingen.
1203	Probst	Rechtskonsulent	Stuttgart.
1204	Reichardt	Ober-Amtsrichter	Ulm.
1205	v. Reuß	Gerichtsaktuar	Gaildorf.
1206	Scheurlen	Ober-Amtsrichter	Mergentheim.
1207	Dr. Seeger	Professor	Tübingen.
1208	Sick	Ober-Justizrath	Stuttgart.
1209	Frh. v. Sternenfels	Ober-Tribunalsrath	Stuttgart.
1210	Frh. E. v. Sternenfels	Justiz-Referendar	Stuttgart.
1211	Tafel sen.	Rechtskonsulent	Stuttgart.
1212	Frhr. v. Wächter-Spittler	Justiz-Minister	Stuttgart.
1213	Weißer	Auditor u. Aktuariatsverweser	Marbach a. N.
1214	Weizsäcker	Postdirektions-Revisor	Stuttgart.
1215	Wirth	Ober-Amtsrichter	Horb a. N.
1216	Zirkler	Ober-Amtsrichter	Künzelsau.

Vorlagen.

Vorlagen

für den Dritten Deutschen Juristentag.

---

1. Antrag der ständigen Deputation.

Der Juristentag wolle beschließen, am Schlusse des §. 6. des Statuts die Worte hinzuzufügen:

„Sämmtliche Beschlüsse der Abtheilungen werden in der Plenar-Versammlung mitgetheilt. Es findet jedoch eine Erörterung und Entscheidung im Plenum nur statt, wenn dieselbe von der betreffenden Abtheilung vorgeschlagen oder wenn sie von mindestens zehn Mitgliedern beantragt und von der Plenar-Versammlung beschlossen wird. Im letztern Falle wird über die Vorfrage nur einem der Antragsteller und dem Berichterstatter das Wort ertheilt."

Referent für das Plenum: Stadtrichter Hiersemenzel zu Berlin.

2. Antrag des Staatsanwalt Nessel zu Breslau.

Der Juristentag wolle zu §. 9. des Statuts folgenden Zusatz machen:

„Anträge werden nur dann zur Berathung und Abstimmung gestellt, wenn sie in den Plenar-Versammlungen von mindestens 20 und in den Abtheilungs-Sitzungen von mindestens 10 Mitgliedern sofort nach der Vorlesung des Antrages durch Aufstehen unterstützt werden."

Referent für das Plenum: Stadtrichter Hiersemenzel zu Berlin.

3. Antrag des Stadtrichter Hiersemenzel zu Berlin.

Der Deutsche Juristentag wolle aussprechen: daß die Würde der Rechtspflege und die Handhabung wirklicher Gerechtigkeit nur da gesichert ist, wo der Richter auch die Frage, ob ein Gesetz verfassungsmäßig zu Stande gekommen, ohne Einschränkung zu prüfen hat.

Referent für das Plenum: Geh. Justizrath, Prof. Dr. Ihering zu Gießen.

4. a) Anträge des Wirklichen Geheimen Rath, Ober-Tribunals-Präsident Dr. Bornemann und des Ober-Tribunals-Rath Meyer zu Berlin, sowie des Kreisgerichts-Rath Geck zu Werden, betreffend das Hypothekenwesen.

Verhandl. des Zweiten Deutschen Juristentags Bd. 1. S. 229 ff., 232 ff., 277 ff. Motive: Deutsche Gerichts-Zeitung de 1861 Nr. 44 S. 174 ff., Nr. 46 S. 181 ff., Nr. 48 S. 189 ff., Nr. 55 S. 222. Gutachten: Verhandl. des Dritten D.-J.-T. Bd. 1 S. 71 ff.

b) Neben-Antrag des Rechtsanwalt Kretschmann zu Burg.

Der Deutsche Juristentag wolle als seine Rechtsüberzeugung aussprechen: daß die Unverjährbarkeit der Hypothekenrechte kein nothwendiges Element der Grundbuchseinrichtung, vielmehr die Einführung einer Hypothekenverjährung mit geräumigen Fristen als Bedürfniß anzuerkennen ist.

Referent für die Abtheilung: Gerichts-Assessor Siegmund Meyer zu Berlin.

5. Antrag des Kreisgerichts-Rath v. Piper zu Wrietzen.

Der Deutsche Juristentag wolle die Ueberzeugung aussprechen: es sei gerecht, daß der Erbe den Gläubigern des Erblassers niemals über den Betrag der Nachlaßmasse hinaus verhaftet werde.

6. Antrag des Kreisgerichts-Rath H. Geck zu Werden.

Der Deutsche Juristentag wolle erklären:

1) daß ein gemeinsames Ehegüterrecht für Deutschland anzustreben;

2) daß die Gütergemeinschaft als das der Deutschen Ehe vorzugsweise entsprechende System zu empfehlen.

7. Antrag des Professor Dr. Unger zu Wien.

Der Deutsche Juristentag wolle als seine Ueberzeugung aussprechen: daß die Klage auf Anerkennung der unehelichen Vaterschaft im Prinzip für zulässig zu halten sei, daß sie jedoch

1) auf eine ganz kurze Anstellungsfrist zu beschränken sei;

2) daß sie auszuschließen sei, wenn der als Vater in Anspruch Genommene zur Unzucht verführt oder zur Zeit der Beiwohnung verehelicht war, sowie wenn die Mutter notorisch eine lüderliche Weibsperson ist;

3) daß sie durch die exceptio plurium concumbentium entkräftet werden könne.

Referent für die Abtheilung: Rechtsanwalt Kohlschütter zu Dresden.

8. Antrag der Advokaten Kuntzsch zu Chemnitz und Miller zu Dresden, sowie des Gerichts-Assessor Bernau zu Magdeburg.

Der Deutsche Juristentag wolle aussprechen:

1) es sei dringend wünschenswerth, daß im Nachtrag und zur Vervollständigung des allgemeinen Deutschen Handelsgesetzbuchs baldigst auch ein das gesammte Versicherungswesen umfassendes Gesetz mit Zugrundelegung des in den Art. 327 ff. des Entwurfs eines Handelsgesetzbuchs für die Preußischen Staaten von 1857 befolgten Prinzips zu Stande komme, und

2) die ständige Deputation deshalb beauftragen, die desfalls erforderlichen Schritte bei den Deutschen Regierungen zu thun.

Referent für die Abtheilung: Rechtsanwalt Kohlschütter zu Dresden.

9. Antrag des Ober-Landesgerichts-Rath Dr. Keller zu Wien,

betreffend das Verfahren in der Voruntersuchung.

Verhandlungen des Zweiten D. J.-T. Bd. 2 S. 6 ff., Motive:

Deutsche Ger.-Zeit. de 1861 Nr. 57 S. 229 ff. Gutachten: Verhandlungen des Dritten D. J.-T. Bd. 1 S. 1 ff.

Der Herr Antragsteller hat diesen Antrag jedoch wie folgt abgeändert:

§. 1. Die Erforschung der Verbrechen und die Erhebung aller die strafgerichtliche Verfolgung begründenden Umstände ist Aufgabe des Staatsanwalts. Die hierzu erforderlichen Amtshandlungen kann der Staatsanwalt entweder selbst vornehmen, oder sie durch seine Stellvertreter und durch andere Staats- oder Gemeinde-Behörden vornehmen lassen.

§. 2. Nur folgende Amtshandlungen, als: die Verhaftung des Beschuldigten (§. 3), dessen Verhör, die Haussuchung oder die Durchsuchung von Briefen und andern Schriften, der zum Beweis dienende Augenschein, die Vernehmung von Sachverständigen und solchen Zeugen, welche voraussichtlich nicht bei der Hauptverhandlung erscheinen werden, können nur von dem zuständigen Richter über Antrag des Staatsanwalts, des Beschuldigten, seines Vertheidigers, des Privatklägers oder Beschädigten vorgenommen werden.

Diesen richterlichen Amtshandlungen kann der Staatsanwalt, der Beschuldigte, sowie dessen Vertheidiger beiwohnen und hierbei Anträge stellen.

§. 4. im letzten Absatze soll es heißen: In dem sub b. erwähnten Falle des Fluchtverdachts kann u. s. w.

Referent für die Abtheilung: Professor Dr. Glaser zu Wien.

10. Antrag des Rechtsanwalt Dr. Schaffrath zu Dresden.

Der Deutsche Juristentag wolle 2c. aussprechen: daß im Strafprozesse nur eine Art der Freisprechung — eine vollständige oder unbeschränkte — nicht aber außer ihr auch noch eine andere, beschränkte, „aus Mangel an vollständigem Beweise", stattfinden darf.

Referent für die Abtheilung: Ober-Landesgerichts-Rath Dr. Keller zu Wien.

11. Antrag des Appellationsgerichts-Rath v. Kräwel zu Naumburg.

Der Deutsche Juristentag wolle folgende Sätze aussprechen:

1) Wenn auch keine Einigung dahin zu erzielen sein sollte, daß die Todesstrafe in ganz Deutschland abgeschafft wird, so hindert dies doch das Zustandekommen eines für ganz Deutschland geltenden Strafgesetzbuchs nicht.

Die Begründung dieses Satzes findet sich S. 28, 29 meines Entwurfs.

2) Wenn das allgemeine Deutsche Strafgesetzbuch absolute Strafen, wie die Todes- und lebenswierige Zuchthausstrafe androht, so ist dem Richter zugleich die Möglichkeit zu geben, wegen des Hinzutretens von Milderungsgründen auch auf geringere als die absolute Strafe zu erkennen.

(Vergl. S. 141 u. 142 meines Entwurfs.)

3) Ueberhaupt ist das Strafmaaß so zu erweitern, daß der Richter bei der Strafabmessung auch auf außergewöhnliche Schärfungs- und Milderungsgründe Rücksicht nehmen kann. Ein geringstes Strafmaaß ist nur ausnahmsweise festzusetzen.

(Vergl. S. 2 bis 11 meines Entwurfs.)

4) Verordnet das allgemeine Deutsche Strafgesetzbuch wegen hinzutretender erschwerender Umstände eine Verschärfung der Strafe, so ist in der Regel der Richter zu dieser Strafschärfung wohl zu ermächtigen, nicht aber zu zwingen, daß er allemal diese Strafschärfung eintreten lassen muß.

(Vergl. S. 12 meines Entwurfs.)

Referent für die Abtheilung: Professor Dr Wahlberg zu Wien.

12. Antrag des Hofgerichts-Rath v. Stößer zu Bruchsal.

Der Deutsche Juristentag wolle als seine Rechtsüberzeugung aussprechen: daß entehrende Strafen dem Gerechtigkeits- und Besserungszwecke der Strafe widersprechen und daß solche deshalb bei Bearbeitung eines gemeinsamen Deutschen Strafgesetzbuchs keine Aufnahme finden mögen.

Referent für die Abtheilung: Geh. Rath, Professor Dr. v. Wächter zu Leipzig.

13. Antrag des Kreisrichter Zenthöfer zu Rybnick,
betreffend die Trennung der That- und Rechtsfrage im Strafprozeß.

Verhandl. des Zweiten D. J.-T. Bd. 1 S. 236.

14. Gesetzgebungsfrage:

Soll die Thätigkeit der Staatsanwaltschaft auch auf bürgerliche Rechtsstreitigkeiten ausgedehnt werden und inwieweit?

Aeltere Gutachten: Verhandl. des Zweiten D. J.-T. Bd. 1 S. 96 ff., 109 ff.

Neuere Gutachten: Verhandl. des Dritten D. J.-T. Bd 1 S. 28 ff.

Referent für die Abtheilung: Ober-Gerichts-Assessor Planck zu Göttingen.

15. Gesetzgebungsfrage:

Soll, was den Beweis in bürgerlichen Streitsachen betrifft, das Urtheil nach freier richterlicher Ueberzeugung ohne fest bindende Beweisregeln erfolgen?

Aeltere Gutachten: Verhandl. des Zweiten D. J.-T. Bd. 1 S. 104 ff., 122 ff.

Neuere Gutachten: Verhandl. des Dritten D. J.-T. Bd 1 S. 119 ff.

Referent für die Abtheilung: Obergerichts-Advokat Dr. Pfeiffer zu Bremen.

16. Gesetzgebungsfrage:

Soll der erste Richter an ein von ihm erlassenes Beweis-Interlokut bei der Hauptentscheidung gebunden sein?

Gutachten: Verhandl. des Dritten D. J.-T. Bd. 1 S. 98 ff.

Referent für die Abtheilung: Justizrath Volkmar zu Berlin.

17. Antrag des Rechtsanwalt Dr. Schaffrath zu Dresden.

Der Deutsche Juristentag wolle als seine Rechtsüberzeugung aussprechen: daß der Gebrauch eines gesetzlich zulässigen Rechtsmittels auch selbst dann, wenn dasselbe für völlig unbegründet befunden wird, nicht noch besonders an der Partei oder deren Vertreter mit einer Geld- oder sonstigen Strafe geahndet werden darf.

Referent für die Abtheilung: Ober-Tribunalsrath Dr. Waldeck zu Berlin.

18. a) Antrag des Staatsanwalt Hauschteck zu Stralsund.

Der Deutsche Juristentag wolle für die Reorganisation der Justiz-Verfassung in Deutschland folgende Grundsätze als maßgebende anerkennen:

1) Die für die erste Instanz zu errichtenden Kollegialgerichte sind von jeder verwaltenden Thätigkeit — auch der Justiz-Verwaltung — zu befreien.

2) Eine Jurisdiktion von Einzeln-Richtern im bürgerlichen und Straf-Prozesse ist für „unwichtigere" Sachen, jedoch nur unter der Voraussetzung zulässig, daß dem Kollegialgerichte das Recht gesichert bleibt, jeden nach den gewöhnlichen Kompetenz-Bestimmungen vor den Einzeln-Richter gehörigen Prozeß vor sein eigenes Forum zu ziehen, sofern dies von einer Partei oder der Staatsbehörde beantragt wird.

3) Die Staatsanwaltschaft wird als eine Justizbehörde organisirt, bestimmt, Namens der Staats-Regierung dafür zu sorgen, daß die richterliche Gewalt den Gesetzen gemäß frei geübt werden könne.

4) Der Beruf der Staatsanwaltschaft umfaßt: die gesammte Leitung aller für die Rechtspflege nothwendigen, nicht-richterlichen Geschäfte neben den Gerichten, in's Besondere:

die Leitung der Justiz-Verwaltung, einschließlich der gerichtlichen (Kriminal-) Polizei;

die Anrufung der richterlichen Strafgewalt bei Verletzung von Strafgesetzen, — soweit nicht durch besondere Gesetze Privatpersonen Rechte gewährt sind, welche die Staatsbehörde ausschließen;

die Vertretung der Interessen der Staats-Regierung vor den Gerichten im bürgerlichen Prozesse.

b) Gegen-Antrag des Rechtsanwalt Sabarth zu Ratibor.

Der Deutsche Juristentag wolle als seine Rechtsüberzeugung aussprechen:

1) Das Institut der Staatsanwaltschaft, wie sich dasselbe seither in Deutschland ausgebildet hat, ist kein Bedürfniß oder Förderungsmittel einer unparteiischen Rechtspflege.

2) Zum Wesen des Anklageprozesses sind ständige öffentliche Anklage-Behörden nicht erforderlich. Dem jener Prozeßform zu Grunde liegenden Gerechtigkeitsprinzipe wird vielmehr entsprochen, wenn für die einzelnen, zur gerichtlichen Kognition gelangenden Fälle von Gesetzverletzungen je einzelne Mitglieder des Richteramts mit den Funktionen des öffentlichen Anklägers beauftragt und für diese speziellen Angelegenheiten von der Funktion als Richter entbunden werden.

19. Anträge des Stadtgerichts-Rath Dr. Eberty zu Berlin,

betreffend die Gerichts-Organisation, die Anwalts-Ordnung und den Personal-Arrest.

Verhandlungen des Zweiten D. J.-T. Bd. 2 S. 5 ff. Motive: Deutsche Ger.-Zeitg. de 1861 Nr. 55 S. 222 ff.

20. Antrag des Kreisgerichts-Rath v. Piper zu Wrietzen.

Der Deutsche Juristentag wolle für zweckmäßig erachten: daß die Entscheidung von Prozessen bis zu 5 Thlr. (einschließlich) den Ortsgerichten mit Vorbehalt des Rekurses an den Richter überwiesen werde.

21. Antrag des Kreisrichter Zenthöfer zu Rybnick.

Der Dritte Deutsche Juristentag wolle folgenden Vorschlägen, welche den Zweck haben, bei Geltendmachung einer privatrechtlichen Befugniß, beziehungsweise Obliegenheit, einem prozessualischen Verfahren überhaupt oder wenigstens einem ordentlichen Prozesse vorzubeugen, seine Zustimmung ertheilen.

1) Die durch eine öffentliche qualifizirte Urkunde beglaubigte privatrechtliche Befugniß, beziehungsweise Obliegenheit ist, im Falle sie nicht

von einer sogenannten Suspensiv-Bedingung abhängt, innerhalb einer bestimmten Frist ohne vorherigen Prozeß exekutionsfähig.

2) Der Streit über eine privatrechtliche Befugniß, beziehungsweise Obliegenheit ist versuchsweise ohne ordentlichen Prozeß in der Art beizulegen, daß

a) das Erkenntniß nach dem gesetzlich statthaft erfundenen Antrage des Berechtigten ertheilt und bei unterbliebener Erhebung des dem Verpflichteten dagegen innerhalb einer bestimmten Frist zulässigen Widerspruchs für wirksam erklärt, eventuell

b) auf den Antrag des dergestalt in Anspruch genommenen Verpflichteten zwischen diesem und dem Berechtigten, ebenso wie auf den gemeinschaftlichen Antrag beider Theile ein Vergleich vermittelt wird.

3) Bei einer im Streite über eine privatrechtliche Befugniß, beziehungsweise Obliegenheit unter den Parteien über die Thatfrage stattgehabten Verständigung ist, vorbehaltlich der Nichtigkeitsbeschwerde, über die Rechtsfrage ohne ordentlichen Prozeß zu entscheiden.

Referent für die Abtheilung: Rechtsanwalt Kohlschütter zu Dresden.

22. Antrag des Advokat Fries zu Weimar.*)

Der Deutsche Juristentag wolle erklären: daß die Todesstrafe, als mit den Grundsätzen einer richtigen Strafgesetzgebung unvereinbar, abzuschaffen sei.

---

*) Wir veröffentlichen diesen Antrag, obschon er erst am 29. Juli d. J. eingegangen und hiernach als verspätet sich darstellt, um deshalb, weil er möglicherweise als Nebenantrag zu dem v. Kräwel'schen Antrage aufgefaßt werden könnte und dann nicht verspätet erscheinen würde.

№ 1.

Gutachten

über

den Antrag des Ober-Landes-Gerichtsraths Dr. Keller.

(Bd. 2 S. 6 ff. der Verhandlungen des Zweiten Deutschen Juristentages.)

A.

Gutachten des Justizraths, Ober-Tribunals-Anwalts Dorn in Berlin.

Der vorliegende Antrag bezweckt Reformen der Voruntersuchung. Dieselbe soll auf das ihr nur gebührende Maß zurückgeführt, sie soll beschleunigt und in einer Weise geregelt werden, daß der Ankläger die Entschließung über Einstellung des Verfahrens oder Erhebung der Anklage in der Hand behält, anderer Seits aber auch dem Angeschuldigten die Möglichkeit sofortiger Vertheidigung gegeben wird.

Darüber, daß die Behandlung der Voruntersuchung die Aufmerksamkeit des Deutschen Juristentages verdient, wird ein Zweifel nicht obwalten. Gänzlich zu entbehren ist die Voruntersuchung nicht. In einfachen und unbedeutenderen Sachen mag eine direkte Ladung vor das erkennende Gericht ausführbar sein. In verwickelteren Fällen ist eine Vorbereitung und Sichtung der Beweismittel im Interesse der Anklage nothwendig, und selbst im Interesse des Beschuldigten ist ein vorbereitendes Verfahren wünschenswerth. Ein solches erscheint ohnehin allemal geboten, wenn zur Verhaftung des Beschuldigten geschritten werden muß.

Die Voruntersuchung ist aber nur Mittel zum Zweck. Die Frage über Schuld oder Nichtschuld soll wesentlich erst in der mündlichen Verhandlung ihre Erörterung finden. Mit vollem Recht wenden sich deshalb die Motive des Antrages dagegen, daß die Hauptverhandlung vor dem erkennenden Richter zu einer bloßen Schlußdecoration gemacht werde, welche die Mängel der schriftlichen Untersuchung zu decken bestimmt sei. Ein solches Resultat kann indessen überhaupt nur da eintreten, wo das Prinzip der Mündlichkeit des Verfahrens noch nicht zur Geltung gelangt ist. Ueberall, wo der Schwerpunkt des Verfahrens in die mündliche Verhandlung gelegt ist, wird die Voruntersuchung, nachdem sie ihre rein präparatorische Aufgabe gelöst hat, von selbst ihre fernere Bedeutung verlieren. Rücksichten auf die spätere mündliche Verhandlung würden also nicht gerade eine Einschränkung der Voruntersuchung gebieten; dagegen zeigt der Begriff der Voruntersuchung die richtigen Grenzen an: es soll nicht mehr geschrieben und nicht länger gezaudert werden, als nothwendig ist, um die erforderlichen Vorbereitungen zu treffen.

Niemand wird also dem Herrn Antragsteller entgegentreten, wenn derselbe Maß im Umfange der Voruntersuchung fordert. Die möglichste Schnelligkeit derselben empfiehlt sich von selbst, und der Grundsatz, daß dem Beschuldigten schon in der Voruntersuchung eine wirksame Möglichkeit der Vertheidigung zu gewähren sei, ist bereits vom zweiten Deutschen Juristentage adoptirt worden (§. 9 der Lewald'schen Anträge, Deutsche Gerichts-Zeitung von 1861 S. 260 und 270). Das Ziel also, welches der vorliegende Antrag erreichen will, halte ich für das rechte. Der Weg dagegen, welchen der Herr Antragsteller einzuschlagen gedenkt, scheint mir nicht der richtige zu sein. Der Grundsatz, welchen der Antrag zur Anerkennung bringen will, ist im §. 1 ausgedrückt:

„Die Erforschung der Verbrechen, die Erhebung des Thatbestandes und aller die Beschuldigung oder die Vertheidigung begründenden Umstände ist Aufgabe des Staatsanwaltes."

Der erstbezeichnete Theil der Aufgabe wird dem Staatsanwalt nicht streitig gemacht werden; die Erforschung der Verbrechen liegt in seinen Functionen. Dagegen widerspricht es der Zweckmäßigkeit, und es läuft allen Rücksichten auf das Gefühl der persönlichen Sicherheit zuwider, die Erhebung des Thatbestandes und die Vornahme der weiter erforderlichen Vorbereitungsmaßregeln dem Untersuchungsrichter abzunehmen und diese Functionen in die Hände des Staatsanwaltes zu legen. Bei beiden Kategorien von Beamten wird redlicher Wille selbstverständlich vorausgesetzt. Aber der Staatsanwalt ist abhängig, während der Richter so unabhängig gestellt zu werden pflegt, wie dies überhaupt bei staatlichen Einrichtungen möglich bleibt. Die Auffassung des Ersteren wird durch das Streben nach dem Ziel, welches er zu erreichen hat, leicht getrübt werden, während bei dem Richter eine größere Unbefangenheit vorauszusetzen ist. Das Correctiv, welches der Herr Antragsteller in der sofort zu ermöglichenden Ziehung und Mitwirkung des Vertheidigers zu finden glaubt, ist ein unzulängliches, weil dem Vertheidiger nicht die Hülfsmittel zu Gebote stehen, welche der Staatsanwalt zur Hand hat. Entweder müßte man dem Vertheidiger die Gewalt einräumen, mit Hülfe deren der Staatsanwalt zu instruiren in den Stand gesetzt wird, oder man müßte den Staatsanwalt auf die Mittel beschränken, welche dem Vertheidiger nur zu Gebote stehen. Denn nur bei vollständiger Gleichheit der Hülfsmittel wäre eine Ausgleichung möglich. Keines jener beiden Auskunftsmittel erscheint jedoch praktisch durchführbar. Der Staatsanwalt würde also vermöge seiner Stellung immer ein Uebergewicht bei der Instruktion zum Nachtheile des Beschuldigten auszuüben im Stande sein. Jedenfalls würde der Beschuldigte an eine vollständige Unbefangenheit des Staatsanwaltes nicht glauben. Ueberdies erkennt der Herr Antragsteller durch seine Vorschläge im §. 2 an, daß die richterliche Thätigkeit in der Voruntersuchung nicht vollständig aufgegeben werden darf. Die Verhaftung des Beschuldigten, dessen Vernehmung, die Hausſuchung oder die Durchsuchung von Briefen und anderen Schriften, der zum Beweis dienende Augenschein, die Vernehmung von Sachverständigen und von Zeugen, welche voraussichtlich zur Hauptverhandlung nicht erscheinen werden, soll nur von dem Richter auf Antrag des Staatsanwaltes bewilligt und vorgenommen werden. In Wirklichkeit verbleiben sonach der richterlichen Thätigkeit alle wesentlichen Functionen, und die selbstständige Thätigkeit des Staatsanwaltes wird auf so vereinzelte Handlungen reducirt, daß der Grundsatz des §. 1 geradezu verschwindet und die auf die Erhebung des Thatbestandes bezüglichen Functionen der Staatsanwaltschaft als ausnahmsweise Attributionen, nicht aber als eine Regel sich darstellen, welche an die Spitze zu stellen wäre. Kann der Untersuchungsrichter überhaupt nicht entbehrt werden, so ist es gewiß sachgemäßer, die Vornahme aller Handlungen, welche in der Voruntersuchung erforderlich werden, dem Untersuchungsrichter zu überlassen, wobei zum Schutze der persönlichen Freiheit noch die Modifikation festzuhalten sein wird, daß über die Verhaftung des Beschuldigten oder die In-Haft-Haltung desselben ein Collegium vorher zu beschließen oder nach Umständen hinterher binnen kurzer Frist die Genehmigung zu ertheilen hat.

Die ökonomische Behandlung der Voruntersuchung kann durch den Untersuchungsrichter gerade ebenso im Auge behalten werden, als durch den Staatsanwalt, und es ist nicht abzusehen, wie die Thätigkeit des Ersteren Verzögerungen herbeiführen sollte, da überall, wo ein Staatsanwalt seinen Sitz hat, auch ein Richter zur Stelle sein wird. Die Theilung der Functionen, welche der Herr Antragsteller in Bezug auf das Hauptverfahren für die richtige hält, wird gerade vollständig durchgeführt, wenn schon in der Voruntersuchung ein Richter vorhanden ist, welcher auf Antrag des Staatsanwaltes oder des Vertheidigers alle erforderlichen Erhebungen vornimmt und bei entstehender Meinungsverschiedenheit über die Erheblichkeit gewisser Vornahmen entweder selbst entscheidet, oder durch Zuziehung noch anderer Richter eine collegialische Beschlußnahme herbeiführt. Vortheile verspricht der Grundsatz, welchen der Herr Antragsteller zur Geltung bringen will, nach meiner Meinung nicht. Wohl aber würden ersichtliche Nachtheile herbeigeführt werden. Ich kann mich hiernach nur für die Verwerfung des vorliegenden Antrages aussprechen.

B.

Gutachten des Professors Dr. Geßler in Tübingen.

Bei Prüfung einer in Vorschlag gebrachten Einrichtung für das Strafverfahren ist zu erwägen, ob dieselbe den Anforderungen der Verwirklichung der Gerechtigkeit entspricht und ob die verschiedenen Personen zugewiesenen Functionen so vertheilt sind, daß die Erfüllung der dem ganzen Institute zu Grunde liegenden Aufgabe garantirt ist.

Als Zweck der Voruntersuchung kann mit dem Herrn Antragsteller die bloße Ermittelung der vorhandenen Beweismittel und der Wahrscheinlichkeit des Begründetseins eines Strafrechts des Staats, so wie die urkundliche Feststellung von Acten, welche einer Reproduction in dem Hauptverfahren nicht fähig sind, angenommen werden, so daß der Schwerpunkt des Strafverfahrens auf das Hauptverfahren zu verlegen ist.

Nach den Vorschlägen des Herrn Antragstellers soll die hiernach in der Voruntersuchung gelegene Aufgabe bei Verbrechen, worunter wohl nur die schwersten Straffälle begriffen werden, vollzogen werden:

1) durch den Staatsanwalt, welchem alle nicht speziell einem der beiden anderen Organe zukommenden Functionen obliegen. Ihm kommt insbesondere zu die Erforschung der Verbrechen, die Erhebung des Thatbestandes (oder wohl angemessener der äußeren Erscheinungen eines Verbrechens), aller die Beschuldigung oder die Vertheidigung begründenden Umstände, Veranstaltung von Vernehmungen und Erhebungen, soweit sie nicht Ziffer 2 zugewiesen sind, oder Veranstaltung ihrer Vornahme durch die zuständigen Behörden, bzw. durch die ihm unterstehenden Sicherheitsbehörden, Antragstellung auf Verhaftung, bzw. Vornahme einer vorläufigen Haft bei Gefahr im Verzug, oder im Fall der Ergreifung bei Verübung des Verbrechens, Antragstellung auf Vernehmung des Beschuldigten, Hausdurchsuchung, auf Einnahme eines zum Beweis dienenden Augenscheins.

Die Aufgabe der Voruntersuchung ist ferner zu vollziehen:

2) durch den zuständigen Richter, welcher die Haft zu verfügen oder über die vorläufig durch den Staatsanwalt verfügte zu cognosciren, die Vernehmung des Beschuldigten, die Haussuchung oder Durchsuchung von Briefen und anderen Schriften, den zum Beweis dienenden Augenschein, die Vernehmung von Sachverständigen und von Zeugen, welche voraussichtlich zur Hauptverhandlung nicht erscheinen, vorzunehmen hat.

Hierbei ist die Wahrung der Rechte des Beschuldigten

3) ihm selbst, bzw. einem Vertheidiger überlassen, welcher von dem Beschuldigten bestellt werden kann, bzw. im Fall seiner Unvermöglichkeit ihm unentgeltlich zu gewähren ist. Der Beschuldigte und sein Vertheidiger sind den in Ziffer 2 bezeichneten Akten anzuwohnen berechtigt und können hierbei Anträge stellen.

Im Sinne des Herrn Antragstellers, wenn auch nicht ausgesprochen, wird gelegen sein, daß der Vertheidiger das Recht hat, gleichfalls Vernehmungen von Zeugen, Sachverständigen, Einnahme von Augenschein zu beantragen, und wird ihm wohl, falls ihm auf sein Ansinnen an bestimmte Personen Auskunft verweigert wird, nicht blos das Angehen des Staatsanwalts, sondern stets (ohne die im §. 2 Abs. 1 ausgedrückten Beschränkungen) das Angehen des Gerichts zu gestatten sein. Auch wird ihm volle Acteneinsicht der auch blos von dem Staatsanwalt erfolgten Erhebungen zukommen.

Eine Vergleichung des Inhalts dieses Vorschlags mit dem geltenden Rechte von Ländern, in welchen öffentlich-mündliches Strafverfahren stattfindet, kann wohl umsomehr unterbleiben, als eine solche im Wesentlichen von

Sundelin in der dem gleichen Gegenstand mit ähnlichen Vorschlägen gewidmeten Abhandlung *), Deutsche Strafrechts-Zeitung 1861 Nr. 4 ff.

gegeben ist.

Ein Ueberblick über die verschiedenen, hierbei möglichen Behandlungen wird genügen. Als Hauptgattungen von solchen können drei bezeichnet werden:

1) Das Uebergewicht der Thätigkeit in dem Vorverfahren ist auf der Seite des Untersuchungsrichters, sofern die Staatsanwaltschaft regelmäßig überhaupt erst nach beendigter Voruntersuchung eintritt, oder auf die Initiative, oder auf diese und die Stellung von An-

*) Aehnliche Vorschläge finden sich bei Geib (Reform des Rechtslebens Seite 108 ff.) und bei W. Brauer (Gerichtssaal Jahrg. 1849 II. S. 321—366), Sundelin (die Staatsanwaltschaft S. 101 ff., Anhang S. 141).

trägen beschränkt ist, ohne daß die selbstständige Erforschung von Verdachtsgründen als ihre besondere oder doch ausschließliche Pflicht erscheint.

2) Das Uebergewicht der Thätigkeit in dem Vorverfahren ist auf Seite der Staatsanwaltschaft, indem dem Untersuchungsrichter nur Functionen zukommen, wie sie in dem Vorschlag des Herrn Ober-Staatsanwalts Keller bezeichnet sind.

3) Untersuchungsrichter und Staatsanwaltschaft sind in gleicher Weise mit den den Staatsorganen zukommenden Functionen betraut, wobei dem Untersuchungsrichter eine mehr oder weniger abhängige Stellung von den Anträgen der Staatsanwaltschaft eingeräumt ist.

Bei einer Ordnung des Verhältnisses, wie zu Ziffer 2 bestimmt, sind anscheinende Vorzüge:

1) die Sammlung des die Hauptverhandlung vorbereitenden Stoffes durch bei der späteren Hauptverhandlung selbst thätige Personen;
2) die im Wesentlichen einheitliche Leitung des ganzen Ganges der Voruntersuchung;
3) eine Regelung des Verhältnisses von Staatsanwaltschaft und Gericht, welche den beiderseitigen Wirkungskreis klar begrenzt;
4) die durch die Organisation der Thätigkeit der verschiedenen Functionäre garantirte Beschränkung der Voruntersuchung auf ihren Zweck und Vollziehung der Aufgabe der Vorbereitung in angemessener Weise.

Doch wird sich bei diesen Vorzügen stets noch die Frage erheben, ob hiermit eine Erfüllung der Aufgabe der Voruntersuchung in einer der Gerechtigkeit entsprechenden Weise vollkommen garantirt ist, ob insbesondere in der Richtung, daß das für Beschuldigung, wie Vertheidigung zustehende Beweismaterial vollständig ermittelt ist.

Daß für den Staatsanwalt nach §. 1 die Erhebung aller die Vertheidigung begründenden Umstände als Aufgabe erscheint, genügt offenbar nicht, sofern selbst bei einer gegenüber von der Staatsregierung ganz gesicherten Stellung des Staatsanwalts die Möglichkeit einer einseitigen Erfüllung der Aufgabe in der menschlichen Natur gelegen ist. Die Beigebung eines Vertheidigers ist deshalb nicht genügender Ersatz, weil der Vertheidiger nicht mit dem nöthigen Apparate ausgestattet ist, um in der Sammlung des Beweismaterials eine hinreichende Thätigkeit entwickeln zu können. Zwar hält Brauer l. c. S. 332 die Stellung des Beschuldigten für günstiger, sofern es sich hierbei um einen ihm vollkommen bekannten Boden handle. Allein, ganz abgesehen von den Fällen, in welchen der Beschuldigte selbst in einem nahezu bewußtlosen Zustande die ihm zur Last gelegte That verübte und sofort eingetretene Haft ihm jeden Verkehr mit der Außenwelt ohne Vermittlung des Vertheidigers abschneidet, wird jeder Untersuchungsrichter aus Erfahrung bestätigen, daß vielfach erst die vollständige genaue Erhebung der Beweismittel, auf weitere erhebliche Thatsachen und Beweismittel hierfür führt. Dies findet seine Anwendung insbesondere auch auf die Größe der Schuld, ob und in wie weit namentlich auch hinsichtlich des eingetretenen Erfolges vollkommene Absicht vorgelegen ist.

Eine Erhebung der Beweismittel in der bezeichneten Weise ist bei bloßer Thätigkeit des Staatsanwalts nicht garantirt, die stetige Zuziehung des Vertheidigers zu den Vernehmungen in dem Vorschlage nicht enthalten und auch zu schleppend. Tritt diese Erhebung sodann erst im Hauptverfahren ein, so können hierdurch Vertagungen herbeigeführt werden, oder es leidet dieses, weil man zu Vertagungen nur ungern schreitet, an Unvollständigkeit.

Diese Mängel sind beseitigt bei Besorgung der Voruntersuchung durch ein Organ der Staatsgewalt, welches vermöge seiner Stellung größere Garantie dafür bietet, daß es die ihm zukommenden Functionen nicht in einseitiger Weise zur Ausübung bringt. Ist dieses Organ unabhängig gegenüber der Staatsanwaltschaft, so ist es nicht, wie von Einzelnen befürchtet worden, eine Verstärkung der Verfolgung, sondern ein Mittel für die Herstellung des Gleichgewichts zwischen Verfolgung und Vertheidigung.

Der zweite Vorzug erleidet eine Abschwächung, sofern die einheitliche Leitung des Ganzen dadurch unterbrochen wird, daß der in der Voruntersuchung doch stets erhebliche Akt der Vernehmung des Beschuldigten nicht demselben Organe, sondern dem Gerichte überlassen ist. Allerdings kann der Umfang dieser Vernehmung verschieden bestimmt werden, allein auch selbst bei Annahme des geringsten Umfangs, bei Beschränkung einer Vernehmung des Beschuldigten auf bestimmt bezeichnete Punkte, tritt der Nachtheil eines schleppenden Geschäftsgangs ein. Auch wird wohl das Maß dieser Vernehmung richtig dahin bestimmt, daß jedes Eindringen in die Subjectivität des Beschuldigten und hiermit jede directe oder indirecte Maßregel zur Herbeiführung eines Geständnisses vermieden, dagegen dem Beschuldigten volle Gelegenheit zur Kenntnißnahme der gegen ihn vorliegenden Verdachtsgründe und zur Erklärung hierüber gegeben wird.

Der dritte Vorzug ist, zumal bei dem Inhalte des Französischen Rechts, wonach das Verhältniß des Untersuchungsrichters zwischen coordinirter und subordinirter Stellung gegenüber dem Staatsanwalte schwankt, von Bedeutung. Einer unzweckmäßigen Ordnung dieses Verhältnisses ist selbst die ausschließliche Besorgung der Voruntersuchung durch den Untersuchungsrichter vorzuziehen. Die Nachtheile, welche gegen den Inquirenten des gemeinrechtlichen Prozesses geltend gemacht wurden, sind durch das nachfolgende Hauptverfahren sehr gemildert, sofern gerade dieses die wirksamste Kontrole für seine Thätigkeit bildet. Diese Kontrole ist ihm gegenüber wirksamer, als gegenüber dem Staatsanwalte, weil die Function des Ersteren mit Beendigung der Voruntersuchung aufhört, die des Letzteren aber fortdauert und hier, zumal bei Geschwornen, in einseitiger Weise sich stets noch Geltung zu verschaffen vermag. Von entscheidendem Gewichte ist aber, wenn man eine Thätigkeit der Staatsanwaltschaft auch während der Dauer der Voruntersuchung eintreten lassen will, dieser Vorzug doch nur dann, wenn sich außer dieser vorgeschlagenen Regelung des gegenseitigen Verhältnisses eine angemessene Festsetzung desselben nicht durchführen lassen würde.

Eine solche wird aber auch dann möglich sein, wenn das Hauptgewicht der Function des Untersuchungsrichters beigelegt wird. Eine solche Stellung desselben ist z. B. in Plank „Systematische Darstellung des Strafverfahrens Seite 219" nach dem Grundsatze bestimmt: „Das Untersuchungsgericht handelt selbstständig zur Erforschung des im Antrag bezeichneten Straffalls; der Staatsanwalt kann nur unterstützend zur Erreichung des Zweckes mitwirken"*).

Der vierte Vorzug ist sicher gleichfalls ein bedeutender, allein, wenn sein Eintritt bei einer selbstständigen Thätigkeit des Untersuchungsrichters nicht in gleichem Maße garantirt ist, so ist er doch auch hier möglich: die allzugroße Ausdehnung ist, zumal bei den hier in Betracht kommenden schwersten Straffällen ein geringerer Nachtheil, als die zu große Beschränkung, die möglichst vollständige Erforschung der für die Beschuldigung dienenden Beweismittel übrigens durch die gleichzeitige Thätigkeit der Staatsanwaltschaft ermöglicht. Die Thätigkeit des Untersuchungsrichters kann auch vielfach vereinfacht werden, sofern insbesondere bei Vernehmungen von Auskunftspersonen, deren Stellung im Hauptverfahren gleichfalls möglich ist, eine Protokollirung des wesentlichen Inhalts der Aeußerungen ohne Aufzeichnung der Fragen gestattet wird.

---

*) Für besondere Fälle je nach der Natur des Beweises und der Nothwendigkeit, ihn im Voraus festzustellen, hat auch Sundelin (Staatsanwaltschaft, Seite 105—107) die gerichtliche Voruntersuchung anerkannt und hierbei gleichfalls das Verhältniß von Richter und Staatsanwalt dahin bestimmt, daß sie „dem Richter ganz zu übertragen, dem Staatsanwalte zwingende Einmischung zu versagen, aber daneben Thätigkeit zu seinem Zwecke zu gestatten sei." — Auch Haager in seinem Aufsatze über die Initiative der strafgerichtlichen Verfolgung (Strafrechtspflege in Deutschland IV. S. 510 ff., insbesondere S. 519) spricht sich für ein allgemeines coordinirtes Verhältniß von Staatsanwalt und Untersuchungsrichter aus und scheint der Thätigkeit des Letzteren einen bedeutenderen Umfang einzuräumen.

Aus den bisherigen Erwägungen ergiebt sich als Resultat: Ein Verfahren, wie das vorgeschlagene, hat seine entschiedenen Vorzüge, gewährt aber nicht genügende Garantien einer stets gerechten Vollziehung der in der Voruntersuchung gelegenen Aufgabe. Die Entscheidung des Einzelnen für die Annahme der einen oder andern Behandlung wird dadurch bestimmt werden, ob ihm an einer regelmäßig tüchtigen Besorgung der Voruntersuchung, bei welcher jedoch auch ein einseitiges Vorgehen möglich ist, mehr gelegen ist, als an einer Vornahme derselben in einer Weise, welche gegen solche Einseitigkeiten größere Sicherheit darbietet, übrigens sonst der Garantie einer regelmäßig durchaus zweckmäßigen Besorgung entbehrt.

Die Entscheidung für das Eine oder Andere ist eben deshalb schließlich nicht blos der reinen verständigen Erwägung anheimgegeben, sondern einer Hinneigung mehr für Erhaltung und Bewahrung von gerechter Behandlung auch des Einzelnen oder mehr zur durchschnittlichen Gewährung von Gerechtigkeit im Ganzen.

Von Einfluß auf die Entscheidung für das Eine oder Andere wird sodann noch sein, ob der Advokatenstand intellectuell und moralisch genügende Garantien für tüchtige Erfüllung seines Berufes darbietet und ob das Hauptverfahren vor Geschworenen oder rechtsgelehrten Richtern stattfindet, indem auch bei Anerkennung der Nothwendigkeit des ersteren Instituts, zumal bei mangelhafter Organisation desselben, die Dringlichkeit der Beseitigung der Möglichkeit einer einseitigen Führung der Voruntersuchung noch in höherem Maße vorliegt.

Referent theilt das Verlangen der größtmöglichen Wahrung der Gerechtigkeit auch im Einzelnen, und vermag sich deshalb für den Vorschlag nicht auszusprechen.

Ueber weitere, in neuester Zeit durch Mittermaier in dem noch nicht vollständig beendeten Aufsatze desselben (Gerichtssaal 1862 S. 36 ff.) angeregte Fragen, hinsichtlich der Einrichtung der Voruntersuchung, insbesondere das Prinzip der Mündlichkeit und Oeffentlichkeit des Vorverfahrens sich auszusprechen, hält Referent außerhalb der Aufgabe gelegen; nur die Bemerkung möge gestattet sein, daß bei Uebertragung von Institutionen eines Staats auf einen andern die sehr verschiedenen Verhältnisse beider in Betracht zu ziehen sind. Dies trifft hier wohl namentlich insofern zu, als in England die Thätigkeit der Polizei von beschränkterem Umfang, eben deshalb auf Entdeckung von Verbrechen zweckmäßiger eingerichtet ist, und bei der eingewurzelten freieren politischen Anschauung der Gemeinsinn und die Verpflichtung auch des Einzelnen, jede ihm mögliche Thätigkeit in tactvoller Weise zur gerechten Bestrafung von Verbrechen eintreten zu lassen, festeren Boden gewonnen haben. In einem anderen Staate können sich aber beide allmählig namentlich an der Hand von Institutionen, welche das richtige Gefühl zwischen unberufener Einmischung und begründeter Unterstützung der Staatsgewalt zu erwecken und zu entwickeln geeignet sind, erst zu bilden haben.

C.

Gutachten des Staatsanwalts Heinze in Dresden.

Der Herr Präsident der ständigen Deputation des Juristentages hat mich mit Erstattung eines gutachtlichen Berichtes über den auf Verbesserung der Voruntersuchung im Strafprozeß gerichteten Antrag des Herrn Ober-Staatsanwalts Dr. Keller beauftragt. Indem ich mich dieser ehrenvollen Aufgabe unterziehe, muß ich entschuldigend voraussenden, daß das knappe Maß der mir verfügbar gelassenen Zeit eine erschöpfende Bearbeitung des reichen Stoffes verbot, vielmehr die Beschränkung auf bloße Andeutung der leitenden Gesichtspunkte mit sich brachte, und eine Zusammenstellung des hierher gehörigen Inhalts der Territorialgesetzgebungen *) vereitelt hat. Dies übrigens ein Mangel, der zum Vorzug werden würde, wenn die Hoffnung begründet ist, daß mindestens eines der beiden andern Gutachten die Lücke bereits ausgefüllt haben werde.

Der Keller'sche Antrag ist in den Verhandlungen des zweiten Deutschen Juristentags Bd. 2 S. 6 ff. abgedruckt. Nr. 57 der Deutschen Gerichtszeitung 1861 enthält daneben auch die beigefügten Motive.

Als Uebelstände, denen begegnet werden soll, werden bezeichnet:

die Einrichtung, daß die Erforschung der Verbrechen und außerdem wahre Untersuchungshandlungen dem unüberwachten Ermessen der Sicherheitsbehörde — Polizei — überlassen seien;

die Schwerfälligkeit und Schreibseligkeit der gerichtlichen Voruntersuchung, welche vielfach nur als umständliche Wiederholung der bereits von der Polizei gepflogenen Erhebungen sich darstelle;

---

*) Zur Orientirung dienen die Abhandlungen Sundelin's A. D. Strafrechts-Zeitung 1861 S. 49 ff., 65 ff., 81 ff. u. S. 680 ff., 693 ff. S. auch Sundelin Staatsanwalt §. 14—17 u. S. 139 ff.

die untergeordnete, den Forderungen der Wissenschaft und Humanität nach Oeffentlichkeit, Mündlichkeit, Anklageverfahren nicht genügende Rolle einer summarischen Rekapitulation und blendenden Schlußdekoration, welche der mündlichen Hauptverhandlung durch diese Eigenschaften der schriftlichen Voruntersuchung zugetheilt werde;

das geflissentliche Fernhalten des Staatsanwalts von unmittelbarer Anschauung des Voruntersuchungsmaterials; inkonsequent, sofern die Polizeibeamten bei ihren gleichartigen Erhebungen keiner Kontrole unterständen, und der Untersuchungsrichter Ankläger, Vertheidiger und Richter in Einer Person sei; nachtheilig, weil der Staatsanwalt verhindert werde, von Grund oder Ungrund der Anklage eine selbstständige Ansicht zu gewinnen, daher leicht in die Lage komme, die Fortstellung ungerechtfertigter Untersuchungen zu veranlassen.

Also das Problem: die Erforschung der Verbrechen und die ersten Untersuchungsschritte zu regeln, die Funktionen der Anklage, der Vertheidigung und des Richters zutreffend und rechtzeitig zu trennen, durch Vereinfachung und Abkürzung des Verfahrens die Wirksamkeit der Strafgesetze zu verstärken.

Die vorgeschlagene Lösung besteht darin, daß der Ankläger die Beweismittel für seine Anklage, der Vertheidiger die für die Vertheidigung zu sammeln hat, und beide die Ergebnisse ihrer Erhebungen dem Anklagerichter*) zur Entscheidung vorlegen — Motive Abs. 4 — oder wie es, scheinbar etwas abweichend, in §. 1. der Grundsätze heißt: daß die Erforschung der Verbrechen, die Erhebung des Thatbestandes und aller die Beschuldigung oder die Vertheidigung begründenden Umstände Aufgabe des Staatsanwalts wird.

Dieser Fundamentalsatz hat eine organisatorische Voraussetzung: daß die Polizeibehörden im Untersuchungsverfahren dem Staatsanwalt untergeben sind, und erleidet eine wichtige Beschränkung, daß einzelne Untersuchungshandlungen nur von dem zuständigen Richter auf Antrag des Staatsanwalts bewilligt und vorgenommen werden können; theils solche, welche Herstellung der für die Hauptverhandlung nöthigen Beweismittel in rechtsbeständiger Form bezwecken — Augenschein; Sachverständige; Zeugen, die in der Hauptverhandlung nicht erscheinen werden — theils solche, welche die persönliche Freiheit des Beschuldigten beeinträchtigen — Haftanlegung; Haussuchung; Durchsuchung von Briefen und anderen Schriften; Verhör des Angeschul-

---

*) Die damit in Verbindung gebrachte Vorlage an den „Erkenntnißrichter" greift in ein späteres Prozeßstadium über.

digten. Eine Ausnahme von der Nothwendigkeit dieser richterlichen Cognition findet hinsichtlich der Verhaftung dann statt, wenn Gefahr im Verzug ist oder Jemand bei Verübung eines Verbrechens ergriffen wird. Die richterliche Entschließung muß hier binnen einer bestimmten kurzen Frist nachgeholt werden.

Dem Vertheidiger, der bestellt oder verlangt werden kann, sobald der Beschuldigte als solcher vernommen, verfolgt oder verhaftet wird, dem Angeschuldigten und dem Staatsanwalt ist die Gegenwart und das Recht, Anträge zu stellen, bei der Haus- und Durchsuchung von Schriften, sowie bei diesen — welchen? — gerichtlichen Vornehmungen zu gestatten.

Den Schluß des Vorverfahrens bildet der dem zuständigen Gericht vorzulegende Antrag des Staatsanwalts auf Schöpfung eines Anklagebeschlusses oder auf Ablassung von der weiteren Untersuchung. Der in §. 6 in gleiche Linie gestellte Antrag auf Haftentlassung wird regelmäßig nur eine Zwischenverfügung bezwecken. Auf Begehren des Beschuldigten kann auch ohne Anklagebeschluß die Hauptverhandlung angeordnet werden.

Endlich enthalten §§. 3, 4, 7 Normen über die Dauer der polizeilichen, die Voraussetzungen sowie die Abwendung der gerichtlichen Haft und über die Stellung des Privatanklägers *).

Bei Annahme dieser Vorschläge, so erwartet der Herr Antragsteller, werden die einzelnen Funktionäre des Strafverfahrens einander von den ersten Schritten einer Untersuchung an kontroliren und dafür sorgen, daß Alles so schnell und vollkommen geschehe, wie möglich. Der Ankläger wird bald von Grund oder Ungrund des erhobenen Verdachts sich überzeugen, der Beschuldigte rechtzeitig und wirksam sich vertheidigen können. Es werden dann nicht die jetzt häufigen Fälle vorkommen, daß nach langer Untersuchung und Haft die Freisprechung des Angeschuldigten oder die Einstellung des Verfahrens erfolgt.

Offenbar bildet den Kern des Ganzen eine Erweiterung der Befugnisse der Staatsanwaltschaft in zwei Hauptrichtungen: die Polizei soll bei jeder Thätigkeit für die Zwecke des Strafverfahrens die Untergebene der Staatsanwaltschaft und der Staatsanwalt der eigentliche Untersuchungsrichter sein.

Die Beurtheilung dessen, was an dieser Regelung des Verhältnisses streitig sein kann, wird erleichtert, wenn man das vorwegnimmt, was meines Dafürhaltens unbestreitbar feststeht. Die organische Trennung des Richteramtes von der Verfolgung und Anklage führt mit Nothwendigkeit dazu, schon den Beginn jedes gerichtlichen Strafverfahrens von dem Antrag eines An-

*) Zu §. 2 Absatz 2 und §. 7 sind die Beschlüsse des Zweiten Juristentages auf die Lewald'schen Anträge §§. 1, 4, 9 zu vergleichen.

klägers, d. i. in der Regel der Staatsanwaltschaft abhängig zu machen. Will man dem Gericht in allen Theilen des Verfahrens den höchstmöglichen Grad von Unparteilichkeit und Unbefangenheit sichern, so darf ihm nirgends die gleichzeitige Wirksamkeit des Anklägers zugetheilt werden. Zugleich wird eine erfolgreiche Vertheidigung durch das Auftreten eines Gegners mit scharf begrenzten Anträgen mächtig gefördert. Es kann ferner nicht ausbleiben, daß dem Staatsanwalt häufig Vorlagen unterbreitet werden, zu eingehend, um unbeachtet zu bleiben, zu roh, um ein gerichtliches Einschreiten zu rechtfertigen. Hier muß dem Staatsanwalt die Möglichkeit geboten sein, die erforderliche Ergänzung zu veranlassen. Will man ihm nicht die Hände ungebührlich binden und seine Thätigkeit zweckwidrig lähmen, so müssen ihm auch zur Bewerkstelligung dieser Vorbereitungshandlungen Organe gewährt werden, welche seinen Absichten unweigerlich und präcis entsprechen. Also nicht Anträge, auf welche materielle Entschließung zu fassen wäre, sondern Requisitionen an die Behörden, deren Hilfe der Staatsanwalt bedarf. Bei den Eigenthümlichkeiten der polizeilichen Nachforschungen, der häufigen Nothwendigkeit ihrer Beschleunigung, der Aufhältlichkeit eines vorgängigen Einvernehmens mit den Polizeibehörden wird es der Sache ebenso nützlich, als in dienstlicher Beziehung unschädlich sein, wenn dem Staatsanwalt freigestellt wird, die lokalen Polizeiorgane um die erforderlichen Hilfsleistungen unmittelbar anzugehen. Endlich wäre es ohne Zweifel eine gänzlich haltlose Inkonsequenz, dem Staatsanwalt die Vornahme von Erörterungen zu verbieten, die man den Polizeibehörden nimmermehr wird entziehen können. Dieses direkte Einschreiten wird nicht selten die Zwecke der Strafrechtspflege fördern, indem es zu rascherem und darum erfolgreicherem Vorgehen führt, die Absichten des Staatsanwalts am treuesten verwirklicht, ihm bei jeder neuen Wendung sofort die entsprechende Aenderung des Plans und Verwerthung ermöglicht. Unstreitig ist auch ein persönlicher Verkehr des Staatsanwalts mit Zeugen und Angeschuldigten vorzugsweise geschickt, zuverlässige Unterlagen zu einem Vor-Urtheil über den wahrscheinlichen Ausgang der künftigen Hauptverhandlung zu gewinnen. Die Gefahr aber der Anfechtung staatsanwaltschaftlicher Erörterungen und Niederschriften ist nicht hoch anzuschlagen. Unhaltbare Vorwürfe dieser Art werden in der Hauptverhandlung, wo eine mißliche Situation noch am leichtesten die Folge sein könnte, dem anwesenden Staatsanwalt zögernder gemacht werden, als dem abwesenden Untersuchungsrichter oder Polizeimann. Gegründete wird man als noch größere Seltenheit bezeichnen können, ohne in den Verdacht eines Redners pro domo zu gerathen. Diese Gefahr persönlicher Bloßstellung aber würde für die, bei denen es derartiger Motive bedürfen sollte, einen neuen und triftigen Beweggrund abgeben, deren Möglichkeit nach Kräften zu meiden.

Ueber die Gattungsgrenze zwischen gerichtlichen und gerichtspolizeilichen Handlungen läßt sich streiten. Von dem Grundsatze ausgehend, daß jeder stärkere Eingriff in die Rechtssphäre des Angeschuldigten vermieden werden muß, so lange genügende Aussicht vorhanden ist, durch Anwendung eines milderen Mittels den Zweck zu erreichen, würde ich auch die Befragung *) des Beschuldigten dem Staatsanwalt und der Polizei freistellen. Sie liegt oft genug in des Ersteren eigenem Interesse und ist überdies, gleich der Haussuchung, häufig eine Maßregel von unaufschieblicher Dringlichkeit, wenn die Auffindung und Verfolgung der erforderlichen Beweismittel, der Verbindungen u. s. w. gelingen soll.

Sieht man vorläufig von einem näheren Eingehen auf diese Einzelheiten ab, so bleiben zur Bezeichnung des zweifelhaften Gebietes die beiden Fragen übrig:

Soll alle polizeiliche Thätigkeit im unmittelbaren Interesse des Strafverfahrens durch Untergebene des Staatsanwalts oder diesen selbst ausgeübt werden?

Sind die von dem Staatsanwalt zu veranstaltenden Erörterungen einer gerichtlichen Voruntersuchung überall vorzuziehen?

I. Begriff und Aussonderung der gerichtlichen Polizei von der übrigen Polizeiverwaltung ist bekanntlich Französischen Ursprungs. Faßt man den Gesammtcomplex in's Auge, so lassen sich innerhalb der gerichtlichen Polizei zwei Hauptrichtungen unterscheiden. Eine extensive, das Unbekannte äußerlich aufsuchende, große Mengen von Material ergreifende und durcharbeitende, deren Aufgabe in dem Erfassen, Festhalten und Nachweisen aller erheblichen Einzelstücke besteht, etwa die englische detective police. Und eine intensive, den aufgefundenen Stoff ausbeutende, aus dem Innern der gegebenen Beweisstücke heraus die Wahrheit ergründende, ein Analogon der Thätigkeit des Untersuchungsrichters.

Die formelle Führerschaft bei jener ausführlichen, rein polizeilichen Thätigkeit schlechthin in die Hand des Staatsanwalts zu legen, scheint mir weder nothwendig noch rathsam **).

Darüber, daß es im Allgemeinen unthunlich ist, zu Ausübung dieser polizeilichen Thätigkeit besondere, mit anderen Functionen nicht bekleidete Vollzugsbeamte aufzustellen, dürfte allseitiges Einverständniß herrschen. Fast überall wird in der Hauptsache das bei Wohlfahrts- und Sicherheitspolizei beschäftigte Personal mit verwendet werden müssen. Auch die innere Ver-

---

*) Der Antrag scheint zwischen Befragung und Verhör nicht zu unterscheiden.

**) Anders bei der hier fern liegenden Frage, welcher Oberbehörde die Aufsichtsführung zu übertragen sei.

wandtschaft zwischen diesen verschiedenen Zweigen der polizeilichen Thätigkeit, die Unterstützung des einen durch die eigene Handhabung des anderen, läßt sich schwerlich in Abrede stellen. Jene Verbindung ist daher nicht ein nothwendiges Uebel, sondern ein wirklicher Vortheil. Die erfolgreiche Thätigkeit der detective police ist wesentlich bedingt durch gründliche und umfassende Kenntniß der lokalen und persönlichen Verhältnisse, durch schnelles und umsichtiges Einschreiten, bei besonderer Umfänglichkeit des Materials oder Ausbreitung der erforderlichen Nachforschungen zugleich durch einheitliche Leitung und geschickte Verwendung des verfügbaren Personals. Ich glaube nicht, daß eine Organisation, welche den Staatsanwalt zum wirklichen Vorgesetzten der Exekutivbeamten macht, in einer dieser Richtungen von spezifischem Nutzen sein würde. Wenn irgend wo, so bedarf es gerade hier und auch bei den untersten Werkzeugen der Fähigkeit selbstständiger und selbstgedachter Entschlüsse. Die Instruktionen geben hauptsächlich an die Hand, was der Polizeibeamte lassen und wie er die einzelne Maßregel ausführen soll; um zu erkennen, was zu thun ist, muß dieser selbst ein richtiges und rasches Verständniß der Sachlage sich zu eigen machen. Selbst soweit die Umstände das Einholen oder Erlassen spezieller Anordnungen gestatten oder gebieten, wird beim ersten Angriff der Staatsanwalt in der Regel weniger in der Lage sein, in das Materielle eingehende, alles Erhebliche beachtende, alles Gleichgültige beseitigende Weisungen im Voraus zu ertheilen, als die inmitten des gesammten Materials stehende, hier recht eigentlich auf dem ureigenen Thätigkeitsfelde sich bewegende Polizeibehörde. Die formellen und vermöge dieser Eigenschaft allgemein gültigen Normen aber können und müssen jedenfalls unabhängig von den Anordnungen des Staatsanwalts aufgestellt und eingeschärft sein. Sogar ein wohlberechnetes Zusammenwirken der über einen größeren Bezirk ausgebreiteten Polizeimannschaft wird durch zweckmäßige Einrichtung, Verbindung und Besetzung der Polizeibehörden sicherer zu erreichen sein, als durch Uebertragung der äußeren Leitung an den Staatsanwalt.

Im Ganzen betrachtet, bleibt entweder die Direktion der Entdeckungspolizei, verglichen mit den übrigen Amtsgeschäften des Staatsanwalts, reine Nebensache, d. h. eine zwecklose und deshalb schädliche Form, unter der die Thätigkeit der niederen Organe thatsächlich den natürlichen Gravitationspunkten zuneigt, oder der Staatsanwalt wird selbst Polizeimann, ein Rollentausch, bei dem er an Unbefangenheit des Urtheils und Unparteilichkeit der Stellung nothwendig Einbuße erleidet. Man darf wohl hoffen, daß jener Ausgang der regelmäßige bleiben würde. Dann wird die Erwägung maßgebend, daß es allerwärts besser gethan ist, ein Geschäft dem zu überlassen, der diesen Zweig menschlicher Thätigkeit zu seiner Lebensaufgabe gemacht hat, als einem anderen zu übertragen, der darin nur ein ungleichartiges Anhängsel seines eigentlichen Berufes erblicken müßte. Lasse man der Polizei das Entdecken und Aufsuchen, dem Staatsanwalt die Sichtung und Bearbeitung des Stoffs, und übersehe man nicht, daß die Wahrung der vollen Unparteilichkeit dem Staatsanwalt desto schwerer wird, je mehr die Herbeischaffung des Stoffs sein eigenes Werk gewesen ist.

Dies vom Standpunkt des Vorgesetzten aus. Auch die Lage der Untergebenen verliert an Bestimmtheit und Klarheit, wenn für zwei Gebiete von solch innerer Zusammengehörigkeit zweierlei Behörden übergeordnet sind. Anstatt einer einheitlichen, scharf umgrenzten Thätigkeit und Haftung wird dem Vollzugsbeamten eine Doppelstellung zugewiesen, welche die Ueberwachung erschwert, das Bewußtsein der Verantwortlichkeit abschwächt, Irrungen und Täuschungen erleichtert.

Wenn man für die vorgeschlagene Organisation die Streitigkeiten und Mißverständnisse geltend macht, welche durch die Coordination von Polizei und Staatsanwaltschaft hervorgerufen würden, so kommt dagegen in Betracht, daß durch sachgemäße Begrenzung des beiderseitigen Wirkungskreises diese Reibungen und Anstöße zum größten Theil aus dem Wege zu räumen sein werden, und daß jede Vorschrift, die mehr an das innere Wesen als an die äußere Erscheinungsform der Dinge sich hält, ein Grenzgebiet offen läßt, dessen glückliche Bebauung Verträglichkeit und guten Willen, der gemeinsamen Sache zu dienen, bei den Nachbarn voraussetzt.

Der Kritik, von welcher ich den mir gewordenen Auftrag verstehe, liegt die Aufstellung eigener positiver Vorschläge fern. Doch kann sie durch kurze Berührung der entscheidenden Punkte an Verständlichkeit und Wirkung nur gewinnen. Das Normalverhältniß ist m. E. leicht bloßzulegen, wenn man von dem Fall ausgeht, daß der Verletzte dem Staatsanwalt gleichzeitig mit dem Verbrechen alle für objektiven und subjektiven Thatbestand auffindbaren Beweismittel anzeigt. Hier bleibt für die vorläufige Thätigkeit der detecting police kein Stoff vorhanden. Eben dieser Stoff ist es, den sie schaffen soll, wenn er nicht anderweit bereits geboten wird. Begrifflich gefaßt, ist die Aufgabe also das äußerliche Aufsuchen und Aussondern aller für Kenntniß, Beurtheilung und Verfolgung des begangenen oder vermutheten Verbrechens einflußreichen Thatsachen. Die Ausbeutung und Verwerthung dieses Materials unter den vom Strafgesetz diktirten leitenden Gesichtspunkten muß Sache der Justiz bleiben. Diese wird indeß im Laufe des Verfahrens überall dann wiederum in die Lage versetzt, die Hilfe der Polizei in Anspruch zu nehmen oder selbst eine polizeiliche Thätigkeit zu entwickeln, wenn Thatsachen zum Vorschein kommen, zu deren Ermittelung die durch die Untersuchung gegebenen Beweismittel nicht ausreichen. Die zweite Hauptrichtung der echten Polizei gilt den Maßregeln zu ungetrübter Aufrechterhaltung des status quo bis zum Einschreiten der Justizbehörde. Die sachliche Ausdehnung jener aufspürenden und dieser vorbereitenden Wirksamkeit wird gegeben durch die Aufgabe, der Justizbehörde in einer gewissen Vollständigkeit diejenigen Ermittelungen vorzulegen, zu deren Bewerkstelligung diese selbst minder geeignet ist, durch die Nothwendigkeit, daß die Polizei sich selbst einstweilen der Richtigkeit der verfolgten Fährte vergewissert, die verfügbaren Beweismittel zur Entdeckung und Bemächtigung anderer, sonst verloren gehender Beweismittel benutzt. Um das Uebergreifen der Polizei in die Competenz der Justiz zu hindern oder unschädlich zu machen, ist die Vorschrift sachgemäß, daß ausnahmslos und mit möglichster Beschleunigung alle polizeilichen Erörterungen über Verbrechen und deren Thäter dem Staatsanwalt vorgelegt werden müssen. Der gerade Weg zum Staatsanwalt, der dem Verletzten und jedem Dritten offen steht, und die Befugniß des Staatsanwalts, überall die Fäden sofort selbst in die Hand zu nehmen, werden das ihre beitragen, die Besorgniß vor negativer Polizeiwillkür zu beschwichtigen. Aber das Eine möge nicht übersehen werden, daß mit und ohne Staatsanwalt die Polizei nur dann leisten kann, was sie soll, wenn sie in sich selbst zweckmäßig organisirt und mit Werkzeugen von Intelligenz und Zuverlässigkeit ausgestattet ist.*)

Das wichtigste Schutzmittel nach der andern Seite hin, gegen rechtswidrige Verkürzung der indviduellen Freiheit liegt in der konsequenten Durchführung der allgemeinen Regel, daß zwischen Zweck und Mittel eine gewisse Verhältnißmäßigkeit stattfinden und die stärkere oder dauerndere Beeinträchtigung der Rechtssphäre des Individuums vermieden werden muß, so lange die geringere oder kürzere zum Ziel zu führen verspricht. Die formellen Schwierigkeiten, an die man die Maßregeln des ersten Angriffs bindet, sinken entweder zur wehrlosen Form herab oder hemmen die Energie und schwächen den Erfolg des Einschreitens. Gelingt es keiner Vorsorge, die Möglichkeit ganz auszuschließen, daß hin und wieder ein Unschuldiger sogar gerichtlich verurtheilt werde, so kann noch viel weniger verhindert werden, daß das Unglück gerichtlicher oder polizeilicher Verfolgung mitunter einen Schuldlosen treffe. Das Urtheil soll man mit allen Bürgschaften sorgfältigster und unbefangenster Erwägung umgeben. Der erste Angriff dagegen, soll er anders Erfolg versprechen, muß rasch und kräftig unternommen werden. Anstatt formeller Garantien gegen Uebergriffe richte man materielle auf: liberal normirte Entschädigungsklagen jedes Benachtheiligten, insbesondere des Bezichtigten gegen den Fiskus wegen aller Störungen, die ohne Noth zugefügt

*) Hierin liegt z. B. auch der Schwerpunkt der Dalckeschen Abänderungsvorschläge, Goltdammers Archiv Bd. VIII. S. 149 ff.

worden sind; Regreßansprüche des Fiskus an den schuldigen Beamten; scharf abgegrenzte Verantwortlichkeit der einzelnen Beamten, selbstständige Stellung, insoweit Abhängigkeit und Vertretung in der That nur eine nominelle ist, um durch die bestimmte Aussicht auf Selbsthaftung zugleich das eigene Interesse der entscheidenden Persönlichkeit an ein bei aller Energie schonendes Verfahren zu fesseln.

II. Die entscheidendste unter den von dem Herrn Antragsteller vorgeschlagenen Neuerungen ist die Verdrängung des Untersuchungsrichters durch die Thätigkeit des Staatsanwalts, die Aufhebung der gerichtlichen Voruntersuchung.

Sind die Mängel, deren Beseitigung hier in's Auge gefaßt ist, Schwerfälligkeit, Dauer, Umständlichkeit des Vorverfahrens, Herabdrückung der Haupt- zur Schlußverhandlung, nothwendige und unausbleibliche Eigenschaften oder Folgen der Voruntersuchung? Schwerlich. Glückliche Wahl der Untersuchungsrichter, sachgemäße gesetzliche Regelung des Verfahrens, folgerichtig durchgeführte Verlegung des Schwerpunkts in die Hauptverhandlung werden die Folge haben, daß jenen Ausstellungen größtentheils abgeholfen wird. Es läßt sich, besonders wenn erst Vorbild und Traditionen des früheren, schriftlichen Verfahrens vergessen oder verblaßt sein werden, nicht einsehen, weshalb der Untersuchungsrichter minder geschickt sein sollte als der Staatsanwalt, die vorkommenden Erhebungen und Vernehmungen den Bestimmungen des Gesetzes und dem Geist des gegenwärtigen Strafverfahrens gemäß in's Werk zu setzen. Nur das mag zugegeben werden, daß die Förmlichkeit der gerichtlichen Verhandlungen und die Arbeitstheilung zwischen Staatsanwalt und Untersuchungsrichter, wie sie zur Zeit in Deutschland die Regel bildet, die Arbeit und den erforderlichen Zeitaufwand einigermaßen vergrößert. Die Schuld liegt nicht an dem eigentlichen Wesen der Einrichtung, sondern an den Fehlern derselben oder ihrer Träger, wenn diese Vermehrung eine unmäßige wird.

Es scheint mir nun, daß in vielen Fällen dieser geringfügige Nachtheil durch überwiegende Vorzüge der gerichtlichen Voruntersuchung mehr als ausgeglichen wird.

Verhältnißmäßig das wenigste Gewicht messe ich der Forderung prinzipieller Gleichartigkeit bei, zwischen Haupt- und Vorverfahren, zwischen kollegial- und einzelgerichtlichem Prozeß. Die Beweiserhebung in der Hauptverhandlung muß in Deutschland der Hauptsache nach gewiß in die Hände eines Richters gelegt bleiben. Die Preußische Zulassung des Englischen Zeugenverhöres durch Ankläger und Vertheidiger, unbenutzt wie sie geblieben ist, giebt einen schlagenden Beleg für die Richtigkeit dieser Behauptung, deren nähere Begründung nicht unmittelbar zur Sache gehört, daher hier unterbleiben mag. Es ist inkonsequent, die vorläufige Entgegennahme der Beweise in die Hände eines andern Prozeßsubjekts zu legen als die definitive Erhebung. In dem Verfahren vor dem Einzelrichter und bei dem Auftreten eines Privatanklägers wird die gänzliche Unterdrückung der gerichtlichen Voruntersuchung wohl auf unüberwindliche Schwierigkeiten stoßen. Oder sollte z. B. wirklich — §. 2 Abs. 2 a. E. verb. §. 7 der Grundſ. — die Sicherheitsbehörde dem Privatankläger unterstehen, der Privatankläger gleich dem Staatsanwalt — §. 1 — mit der Vertheidigung sich zu beschäftigen haben? — Doch über Mangel an Konsequenz könnte man sich leicht hinwegsetzen, so weit reelle Vortheile dafür einzutauschen wären.

Wichtiger ist die durch Aufhebung der gerichtlichen Voruntersuchung gefährdete Füglichkeit rechtzeitiger und erfolgreicher Vertheidigung. Entweder überläßt man, nach den Motiven, dem Vertheidiger die Herbeischaffung und Bearbeitung des dem Interesse der Entlastung dienenden Stoffs; beiläufig bemerkt eine Einrichtung, welche der nothwendigen Vertheidigung die weiteste Ausdehnung geben würde. Hier erhält man zwei neben einander herlaufende Untersuchungen, die unter sich durch besondere Maßregeln in Verbindung gesetzt werden müßten, um nur einigermaßen einander zu korrespondiren, deren eine leicht in's Unendliche fortgesponnen werden kann. Die Englichen Verhältnisse, an die man etwa erinnern mag, sind in allen Stücken abweichend. Oder aber die Staatsanwaltschaft hat nach §. 1 der Grundsätze, auch die Entlastung mit in den Bereich ihrer Thätigkeit zu ziehen, die einzige Normirung, die überhaupt praktisch durchführbar wäre. Dann würde die Vertheidigung im Laufe des Vorverfahrens vollständig von dem Staatsanwalt abhängig sein. Von dem Vertheidiger oder dem Angeschuldigten beantragte Untersuchungshandlungen könnten von dem Staatsanwalt abgelehnt werden, eine Kompetenzregulirung, welcher die Verschiedenartigkeit der Stellung dieser Prozeßgegner entschieden widerstrebt. Je eifriger der Staatsanwalt auf Vereinfachung und Abkürzung des Vorbereitungsverfahrens ausgeht, je zweifelloser und vollständiger ihm die Sachlage bereits aufgeklärt scheint, desto geneigter wird er sein, die von der Vertheidigung für nothwendig gehaltenen Ermittlungen zu verweigern, den Entlastungsbeweis zu verkümmern. Eine Abhilfe ließe sich allerdings durch Anträge bei dem Anklagerichter denken, nachdem der Staatsanwalt diesen angegangen hat; allein theils kann inzwischen die Zeit zu einer wirksamen Geltendmachung der Vertheidigungsmomente bereits verstrichen sein, theils würde auf diese Weise, sehr zum Nachtheil der erstrebten Kürze und Bündigkeit, ein besonderes Zwischenverfahren eingeschoben. So bringt jede eingreifende Umgestaltung der Voruntersuchung zugleich die Gefahr einer Verkürzung der Vertheidigung mit sich.

Von Bedeutung ist dabei besonders die Rücksicht, daß dem unschuldigen Angeschuldigten durch Ausbreitung des Vorverfahrens häufig die Hauptverhandlung erspart werden kann. Ein ganz entsprechender Nutzen gründlicher Voruntersuchung läßt sich auf der Seite der Verfolgung nachweisen. Die Voruntersuchung ist Vorbereitungsverfahren nur insoweit, als eine Hauptverhandlung ihr folgt. Sie trägt dagegen, wenngleich nicht in der Form, so doch gewöhnlich der Sache nach den Charakter eines Definitivums an sich, wenn sie mit dem Einstellungsbeschluß schließt. Um für diese Negative die erforderlichen Unterlagen zu gewinnen, ist eine gründliche Ausnutzung der vorhandenen Beweismittel unerläßlich. Und oft genug ist die Lage beim Beginn nicht dazu angethan, diesen oder jenen Ausgang mit Wahrscheinlichkeit voraussetzen zu können.

Man muß indeß noch einen Schritt weiter gehen. Auch als Vorbereitungsverfahren für eine erschöpfende Hauptverhandlung ist eine eingehende Voruntersuchung in vielen Fällen nicht zu entbehren, weil unter künstlichen und verwickelten Beweisverhältnissen es unthunlich ist, der Hauptverhandlung die nöthige Vollständigkeit zu gewährleisten, ohne das gesammte Beweismaterial in der Voruntersuchung eindringlich erforscht zu haben. Bei Geständniß oder direktem Beweis wird die Voruntersuchung meistens umgangen werden können. Bei künstlichem Beweis wird sie oft nicht zu missen sein, sei es, daß es gilt, scheinbar gleichgiltige, in der That aber einflußreiche Wahrnehmungen auf frischer That, wo es allein möglich ist, der Vergessenheit zu entreißen, sei es, um den nothwendigen Ueberblick über die sämmtlichen vorhandenen Beweismittel, deren Verhältniß — Uebereinstimmung, Specialisirung, Kontrole, Widerspruch — und Ineinandergreifen zu verschaffen. Ohne solche Vorarbeit wird die Hauptverhandlung in diesen Fällen stets Gefahr laufen, den Gegenstand nicht zu erschöpfen. Ein Uebelstand, der doppelt wiegt, wenn man das Mißliche und Verzögerliche einer erst in der Hauptverhandlung sich aufdrängenden Ergänzung gehörig in Anschlag bringt. Es würde kaum allzu schwer sein, aus der Praxis nachzuweisen, daß, und mittelst psychologischer Erörterungen zu erklären, warum im Allgemeinen die Vollständigkeit der Hauptverhandlung durch die Gründlichkeit der Voruntersuchung wesentlich gefördert wird. Nur im Vorbeigehen möge daran erinnert werden, daß die Voruntersuchung auch die ebenso wichtige wie vernachlässigte Aufgabe hat, die Vollständigkeit der Hauptverhandlung in Bezug auf eine gerechte Strafabmessung, einen der bedeutungsvollsten und schwierigsten Theile des Strafrichteramtes, vorzubereiten. Wer die Kürze der Englischen Voruntersuchungen als Gegenargument citiren sollte, dem ist einzuhalten, daß die dortigen Grundsätze über Zulässigkeit der Beweismittel, Beweislast und Beweiserhebung das ganze Verhältniß erheblich vereinfachen, aber eine Uebertragung auf Deutschen Boden ohne Rückschritte in unserer eigenen Rechtsentwickelung nicht zulassen. Das emsige Streben nach objektiver Wahrheit, der Abbau des ganzen Feldes, auf dem irgend welche Beiträge entdeckbar sind, war eine ebenso lichte, wie den Nationaleigenthümlichkeiten entsprechende Seite unseres früheren Strafprozesses. Sie ist mit dem jetzigen Verfahren nicht unvereinbar, aber sie geräth in Gefahr, bei Seite geschoben zu werden, wenn man es darauf absieht, die Schwerfälligkeit und Ausbreitung des alten schriftlichen Verfahrens in ihr Gegentheil zu verkehren. Ueberall, wo ein erkannter Fehler abgestreift werden soll, muß doppelte Vorsicht aufgewendet werden, um nicht mit Entäußerung des Fehlers zugleich die Vorzüge preiszugeben, aus deren Entartung oder Uebertreibung er hervorgegangen ist. Nicht die äußerliche Ausdehnung, sondern die innerlich zwecklose oder schädliche Verschleppung in dem abgeschafften schriftlichen Verfahren bedurfte der Abhilfe. Die Aufgabe ist Abkürzung unter Beibehaltung der guten, alten Gründlichkeit. Dieser Zweck bleibt, selbst abgesehen von den Fällen verwickelten Indicienbeweises, ohne eingehende Erörterungen im Vorverfahren oft unerreichbar. Bald gilt es, möglichst rasch nach der That die Erinnerung an alle, für den Beweis in Betracht kommende, zumeist an die unscheinbarsten Wahrnehmungen wach zu erhalten und einzuprägen, bald, das ganze Beweismaterial zu verarbeiten, um die Hauptverhandlung durch Beschränkung auf die wichtigsten Beweismittel abzukürzen, zugleich aber auch Gewißheit darüber zu erlangen, daß die in der Hauptverhandlung übergangenen Beweismittel erhebliche Widersprüche oder Zweifelsgründe nicht darbieten. Die Vereinfachung der Hauptverhandlung, besonders bei der Betheiligung von Geschworenen, wird am sichersten und unschädlichsten ermöglicht durch Gründlichkeit der Voruntersuchung. Ich halte den Widerstand, welchen die Praxis den auf Abkürzung der Voruntersuchung gerichteten legislatorischen Bestrebungen vielfach entgegengesetzt hat, für einen zum großen Theil sachlich berechtigten.

Wenn ein eingehendes Vorverfahren in vielen Fällen als nothwendig anerkannt wird, so ist damit noch nicht ohne Weiteres die Frage beantwortet, ob die Leitung desselben dem Staatsanwalt oder einem Richter zu übertragen sei. An und für sich mag bei beiden gleiche Befähigung und gleich guter Wille vorausgesetzt werden. Auch die Legalität der Handlungen und die Zuverlässigkeit der Niederschriften des Staatsanwalts werden etwa ebenso weit reichen, wie die des Untersuchungsrichters. Die seltenen Fälle, in denen diese oder jene bestritten werden möchte, werden füglich außer Rechnung gelassen. Fragt man aber, wem von beiden die Vermuthung größerer Unbefangenheit zur Seite stehe, so kann die Antwort nicht zweifelhaft bleiben. Auch würde es unvermeidlich sein, daß der Staatsanwalt die Eindrücke, welche das selbstgeführte Vorverfahren in ihm zurückgelassen hat, in die Hauptverhandlung mit übertrüge, zu besorgen, daß sein Urtheil, anstatt auf die Ergebnisse der Hauptverhandlung als Unterlagen beschränkt zu sein, von den Ermittlungen der Voruntersuchung beeinflußt werde; ein Uebelstand, der mit der Gründlichkeit der Voruntersuchung in gleichem Verhältniß zunimmt und nur durch konsequenten Wechsel der Vertreter der Staatsanwaltschaft auszugleichen wäre. Das Hauptbedenken aber entsteht aus der auch von dem Herrn Antragsteller anerkannten Unthunlichkeit, gewisse, tief in die persönliche Freiheit des Beschuldigten eingreifende Handlungen der Staatsanwaltschaft ohne Konkurrenz des Gerichtes zu überlassen. Ueber die Grenzlinie mag man streiten. Erkennt man aber die Thatsache, daß Irrthümer nirgends, am wenigsten bei strafrechtlicher Erforschung unbekannter Verhältnisse ausgeschlossen sind, und den Grundsatz an, daß gegen die hieraus entspringende Möglichkeit von Rechtsverletzungen dem Angeschuldigten die bestmöglichen Bürgschaften gegeben werden müssen, so wird man die Folge nicht ablehnen können, daß einzelne, besonders folgenschwere Maßnahmen ordentlicherweise nur von dem Gericht ergriffen werden dürfen. Ebenso führt das Bedürfniß, über gewisse Akte formell beweisgültige Urkunden herzustellen, zu der Nothwendigkeit, die Hilfe des Gerichts in Anspruch zu nehmen. Mag man nun in der von dem Herrn Antragsteller vorgeschlagenen oder in irgend einer anderen Weise zwischen den dem Gericht vorbehaltenen und den dem Staatsanwalt überlassenen Untersuchungshandlungen scheiden, immer wird die Folge ein zwiespaltiges, mit Hemmnissen aller Art kämpfendes, der organischen Einheit entbehrendes, seinen Zweck leicht verfehlendes Verfahren sein. Dem Gericht steht entweder über die Vornahme der ihm zugewiesenen Prozeßhandlung keine Cognition zu, — dann entbehrt der Angeschuldigte des ihm zugedachten Schutzes, — oder das Gericht hat nach §. 2 und 4 der Grundsätze über die Anträge des Staatsanwalts Entschließung zu fassen — dies doch wohl nur bei jenen besonders empfindlichen Einschreitungen gegen den Bezichtigten. Hierzu ist dem Gericht Einsicht und Studium der gesammten Verhandlungen vonnöthen. Inzwischen feiert der Staatsanwalt, dem die Fortleitung der Erörterungen doch eigentlich obliegt. So oft diese Devolution im Laufe der Untersuchung sich wiederholt, immer ist sie für das Gericht mit der Pflicht verbunden, die gegenwärtige, vielleicht veränderte Sachlage zu ergründen und zu berücksichtigen, für den Staatsanwalt mit einer Unterbrechung seiner eigenen prinzipalen Thätigkeit verknüpft. Oder soll der Staatsanwalt die Untersuchung seinerseits fortsetzen, während der Richter aus Rechtsgründen ablehnt, der Angeschuldigte seine Unschuld mit Evidenz nachweist?

Jede derartige Trennung nach der Gattung der einzelnen Maßregeln, die dem Angeschuldigten wirklich etwas nützen soll, zerstückelt nicht nur die Untersuchung, sondern zersplittert überdies einzelne, nothwendig Vereinigung heischende Prozeßhandlungen. Man denke an ausnahmsweise Zeugenvereidung, an Befragung von Zeugen bei Augenscheinseinnahme, an Konfrontationen von Zeugen und Angeschuldigten, an Schuldige, die als Zeugen vernommen und während der Vernehmung erst verdächtig werden. Nach §. 3 könnte, selbst wenn der Staatsanwalt für Nichtverfolgung sich entschieden hätte, die Entlassung des vorläufig verhafteten Beschuldigten nur durch Gerichtsbeschluß erfolgen! Aehnlich wie es scheint §. 6 Abs. 1 a. E.

Das Härteste für den Angeschuldigten ist gewöhnlich nicht die Vornahme irgend einer prozessualen Handlung, sondern die Dauer der Untersuchungshaft. Die Beschlußfassung des Gerichts über den Beginn dieser Maßnahme schließt die Möglichkeit nicht aus, daß dieselbe, obschon ursprünglich gerechtfertigt, weit über die unerläßliche Ausdehnung hinaus erstreckt wird. Nach dem Kellerschen Antrag hätte die Staatsanwaltschaft es in der Hand, die einmal von dem Gericht gebilligte Haft endlos fortdauern zu lassen. Giebt man dagegen dem Gericht das Recht, selbst die Initiative zur Wiederaufhebung zu ergreifen, so wird die organische Einheit des Vorverfahrens vollends zu Grabe getragen. Zu demselben Endziel führt die richterliche Kontrole, wenn sie eine materielle Bedeutung haben und nicht blos pro forma eingerichtet werden soll.

Zur Bekräftigung der Behauptung, daß eine gerichtliche Voruntersuchung des öftern unumgänglich geboten sei, darf auf eine nahe liegende Erfahrung aus der Praxis Bezug genommen werden, daß nämlich die Staatsanwälte den Antrag auf gerichtliche Voruntersuchung sehr häufig auch in den Ländern, deren Gesetzgebung das Institut der Hauptverhandlung ohne Voruntersuchung kennt, und in denjenigen Fällen stellen, in welchen sie formell es in der Hand hätten, durch eigene Vorerörterungen eine unmittelbare Hauptverhandlung herbeizuführen. Es bedarf keiner Ausführung darüber, wie prägnant gerade von dieser Seite das Anerkenntniß ist, daß die Voruntersuchung denn doch vielfach nicht zu entbehren sei.

Ebenso bestimmt wie die Frage, ob die Voruntersuchung immer erläßlich sei, verneine ich ihr Gegentheil. Keiner der Gründe, welche für die Beibehaltung der Einrichtung angeführt werden können, trifft alle Straffälle von Erheblichkeit. Die Gesetzgebungen haben sich der Mehrzahl nach in demselben Sinne entschieden. Die unmittelbare Anberaumung der Hauptverhandlung enthält oft eine wesentliche Abkürzung des Verfahrens, besonders gegenüber zeitraubenden Formalien der Voruntersuchung; sie läßt die Beweismittel frischer und häufig treuer entgegentreten; sie legt den Accent deutlicher und stärker auf die Hauptverhandlung; sie beseitigt oder mindert den ungehörigen

Einfluß, den namentlich auf rechtsgelehrte Richter der Inhalt der Vorakten oft ausübt. Und theils hat die Verkürzung der Vertheidigung, welche sie mit sich bringt, da nichts auf sich, wo es nichts zu vertheidigen giebt, theils ist diese Beeinträchtigung meistens nur eine vorübergehende, theils wird dieses Bedenken durch jene auch dem Angeschuldigten zu Gute kommenden Vortheile gewöhnlich mehr als ausgeglichen. Wie es dem Staatsanwalt unbenommen bleiben muß, zu Vorbereitung des Antrags auf Voruntersuchung Erörterungen zu veranlassen, so kann es ihm auch nicht versagt werden, die Materialien zu einer unmittelbaren Hauptverhandlung selbst zusammenzutragen. Hier oder dort dem Staatsanwalt eine Thätigkeit zu verbieten, die von jedem Polizeibeamten entwickelt werden darf, wäre gänzlich unhaltbar. Die Frage kann nur sein, wie weit die unmittelbare Vorladung zur Hauptverhandlung ausgedehnt werden soll. Aber sie liegt dem zu begutachtenden Antrag fern. Nur die kürzliche Berührung des Gegenstandes erschien nöthig, um die vorausgesandte Kritik durch ein positives Ergänzungselement in das rechte Licht zu stellen.

Hat man, um schließlich in derselben Absicht auch noch die Fälle der unentbehrlichen Voruntersuchung zu erwähnen, hat man den Muth, ein Radikalmittel in Anwendung zu bringen, so würde ich vorschlagen: Nach billigen und freigebigen Grundsätzen wird unter Gewährung des nöthigen freien Spielraums jedem Angeschuldigten eine Entschädigungsklage gegen den Fiskus wegen jeder Verlängerung der Voruntersuchung oder Haft gegeben, welche vom Untersuchungsrichter hätte vermieden werden können. Der Maßstab ist je der einzelnen Untersuchung für sich zu entnehmen. Die sonstige Arbeitslast kommt nur bei dem Regreß des Fiskus an den säumigen Beamten in Betracht. Diese Schädenklage wird durch die Anrechnung der Haft auf die Strafe nicht ausgeschlossen.

Erhellt aus den bisherigen Ausführungen, daß ich dem obersten der vorgeschlagenen Grundsätze insofern nicht beitreten kann, als ich die Ueberlassung der Entdeckungspolizei an den Staatsanwalt und die allgemeine Aufhbeung der gerichtlichen Voruntersuchung für räthlich nicht erachte, und geben sich die Vorschläge im Uebrigen lediglich als Ausführungen des an die Spitze gestellten Prinzips kund, so würde eine in das Detail derselben eingehende Erörterung von meinem Standpunkt aus ohne Zweck sein.

№ 2.

Gutachten über die Gesetzgebungsfrage, betreffend die Zuziehung der Staatsanwaltschaft im Civilprozesse.

D.

Gutachten des Obergerichts-Vice-Directors Francke in Lüneburg.

§. 1.

Wenn die Frage gestellt ist, ob die Thätigkeit der Staatsanwaltschaft auch auf die bürgerlichen Rechtsstreitigkeiten auszudehnen sei, und in wie weit? so wird dabei zunächst und vorzugsweise diejenige Thätigkeit in Betracht kommen, welche das Französische Recht und die diesem nachgebildeten Deutschen Prozeßgesetze der Staatsanwaltschaft in Beziehung auf bürgerliche Streitigkeiten einräumen. Es wird daher zweckdienlich sein, sich zuerst im Allgemeinen zu vergegenwärtigen, welches die ihr nach diesen Gesetzgebungen dabei obliegenden Funktionen sind.

A. Das Französische Recht.

Die Thätigkeit, welche die Staatsanwaltschaft in Frankreich für die Justizpflege zu üben hat, ist bekanntlich eine sehr mannigfaltige und vielseitige, da sie in den verschiedenartigsten Richtungen und Stellungen den Zwecken der Justiz dienen soll. So weit die bürgerliche Justizpflege davon berührt wird, lassen sich folgende Hauptrichtungen ihrer Thätigkeit unterscheiden:

1) Sie hat als ein Organ der staatlichen Oberaufsicht die gesammte Justizpflege, also auch die Handhabung der Civiljustiz zu überwachen. Eine spezielle Dienstaufsicht ist von ihr über den Geschäftsbetrieb der Anwälte, Gerichtsschreiber und Vollziehungsbeamten zu führen.

2) Sie ist berufen, in einzelnen bestimmten Sachen als Hauptpartei — partie principale — im Prozesse aufzutreten, namentlich

als Vertreterin des Staatsoberhaupts in Prozessen über die Krondomänen, die Civilliste und das Kapitalvermögen des Regenten;

in Ehesachen, wenn auf Nichtigkeitserklärung einer Ehe anzutragen ist;

in Civilstandssachen, wenn die Berichtigung einer Civilstands-Urkunde in Frage kommt;

wenn Anträge auf Interdiction wegen Raserei, Blödsinn oder Wahnsinn zu stellen sind*).

3) Sie kann als **partie jointe** in allen vor den ordentlichen Gerichten verhandelten Streitsachen sich in der Weise betheiligen, daß sie nach den Parteivorträgen das Wort ergreift, um dem Gerichte ihre Ansicht, wie die Sache zu entscheiden, zu eröffnen und bestimmte Anträge zu stellen.

Zu dieser Thätigkeit ist sie aber in einer nicht geringen Anzahl von Prozessen bei Strafe der Nichtigkeit auch verpflichtet. Dahin gehören namentlich:

alle Sachen, welche die öffentliche Ordnung, den Staat, die Staatsgüter, die Gemeinden, öffentliche Anstalten, Legate und Schenkungen zum Besten der Armen;

welche den Civilstand einer Person oder welche die Vormundschaften betreffen;

Prozesse der Ehefrauen in gewissen Fällen, Sachen der Minderjährigen und überhaupt alle Prozesse, in welchen eine Partei durch einen Vormund oder Kurator vertreten wird, imgleichen diejenigen, bei welchen ein präsumtiv Abwesender betheiligt ist;

Syndikatsklagen gegen Richter;

Ehescheidungsklagen aller Art.

Ebenso muß sie bei vielen einzelnen Incident-Verhandlungen mit ihren Anträgen gehört werden, insbesondere, wenn über die Einrede des inkompetenten Gerichts zu entscheiden, wenn im Falle eines Kompetenzkonflikts das rechte Gericht zu bestimmen, oder eine Verweisung der Sache an ein anderes Gericht auszusprechen, wenn über Rekusationsgesuche, über die Anfechtung einer Urkunde als einer gefälschten, über Restitutionsgesuche zu erkennen ist, bei Prioritätsfeststellungen im Konkurse und in mehren andern Fällen.

In allen solchen Fällen müssen ihr die Akten vor dem Verhandlungstermine zur Einsicht mitgetheilt werden; sie kann aber auch in allen andern Fällen deren Mittheilung verlangen.

4) In ihrer Hand liegt ferner die Geschäftsverbindung des Prozeßgerichts mit andern Gerichten oder sonstigen Behörden und in gewissen Fällen auch die Vermittelung prozessualischer Ladungen und anderer Zufertigungen.

5) Sie ist berechtigt, wider die dem Gesetze widerstreitenden Urtheile der Gerichtshöfe, wenn wider dieselben kein Rechtsmittel der Parteien mehr

*) Da es hier nur auf die Hauptpunkte ankommt, so macht weder diese, noch eine der nachfolgenden Aufzählungen auf Vollständigkeit Anspruch.

zulässig ist, mit einer Richtigkeitsbeschwerde im Interesse des Gesetzes, welche jedoch den Rechten der Parteien nicht präjudizirt, einzuschreiten.

B. Die Deutschen Gesetzgebungen.

In Deutschland sind, abgesehen von den Landestheilen, in denen überhaupt Französisches Recht gilt, meines Wissens Hannover, Oldenburg und Braunschweig die einzigen Staaten, welche der Staatsanwaltschaft auch in bürgerlichen Rechtssachen eine Thätigkeit nach dem Französischen Vorbilde eingeräumt haben. Die Gesetzgebungen dieser drei Länder sind jedoch sämmtlich hinter dem Muster in wesentlichen Punkten zurückgeblieben, wie die nachfolgende Darstellung ergeben wird.

I. Hannover.

Nach dem Hannoverschen Gerichtsverfassungsgesetze vom Jahre 1850 soll eine Staatsanwaltschaft bei allen obern Gerichten (im Gegensatz zu den Einzelrichtern) bestehen, als deren Aufgaben, soweit dieselben auf bürgerliche Streitigkeiten Bezug haben, folgende angeführt sind:

> die Beobachtung der Gesetze und reglementarischen Vorschriften bei den Gerichten, und die Dienstführung der dabei angestellten Personen, so wie auch der Anwälte und Advokaten zu überwachen;
>
> dahin zu sehen, daß die Gesetze über „Vertretung spezieller Interessen" gehörig befolgt werden, z. B. bei Anordnung und Verwaltung der Vormundschaften und Kuratelen;
>
> die Geschäftsverbindung der höhern Gerichte unter sich und mit andern Behörden zu vermitteln,
>
> und überhaupt die durch die Prozeßordnungen oder sonst etwa ihr beizulegenden Verrichtungen auszuführen.

Es sei aber schon hier bemerkt, daß durch das Zusatzgesetz vom 31. März 1859 die Vermittelung der Geschaftsverbindung der Gerichte wieder der Staatsanwaltschaft abgenommen und den Gerichten selbst zurückgegeben ist.

Neben den allgemeinen Sätzen des Gerichtsverfassungsgesetzes bestehen nun in der bürgerlichen Prozeßordnung von 1850 eine Reihe einzelner Vorschriften über die staatsanwaltschaftliche Thätigkeit. Darnach ist die Staatsanwaltschaft

1) berechtigt, in allen Sachen nach Beendigung der Parteivorträge das Wort zu nehmen, um über die abzugebende Entscheidung sich gutachtlich zu erklären; sie kann zu dem Ende eine einmalige Aussetzung der Sitzung beantragen und in allen Sachen die Mittheilung der Akten

verlangen. In gewissen Sachen (welche großentheils mit den sub A. 3 zusammenfallen) soll diese Mittheilung auch ohne ihren Antrag vor dem Verhandlungstermine erfolgen; zugleich aber ist ausgesprochen, daß den Parteien keinerlei Rechtsmittel zusteht, wenn die vorgeschriebene Mittheilung unterblieben ist. Eine Verpflichtung der Staatsanwaltschaft zur Abgabe ihrer gutachtlichen Erklärung besteht hierbei nicht.

2) Vorgeschrieben aber ist ihr Vortrag, bez. ihre Anhörung bei einigen Incidentfragen, namentlich:

wenn bei Kompetenzkonflikten vom höhern Gerichte das zuständige Gericht zu bestimmen, oder bei Behinderung des zuständigen Richters die Verweisung der Sache vor ein anderes Gericht auszusprechen,

wenn über Ablehnungsgesuche,

über die Weigerung eines Anwalts, die Vertretung einer Partei zu übernehmen,

über den Ausschluß der Oeffentlichkeit, falls derselbe auf Antrag der Parteien verfügt werden soll, und

wenn über Beschwerden wegen Justizverweigerung oder Verzögerung zu entscheiden ist.

3) Von ihr selbst erfolgt im Verfahren vor den höhern Gerichten die Bewilligung des Armenrechts, und sie hat auch die nachträgliche Einziehung der annotirten Kosten zu betreiben.

4) Ihr sind die Zustellungen zu machen, wenn es sich um Behändigungen im Auslande oder um die Zustellung durch die öffentlichen Blätter handelt.

5) An sie können Beschwerden wider die Gerichtsvögte in Zwangsvollstreckungssachen wegen Verzögerungen, Gebührenüberschreitungen und ähnlicher Ordnungswidrigkeiten gebracht werden, und sie hat zur Abhülfe derselben die geeigneten Verfügungen zu treffen.

6) Der Oberstaatsanwalt hat die Nichtigkeitsbeschwerde zur Wahrung des Gesetzes, wenn durch eine gerichtliche Verfügung eine gesetzliche Vorschrift falsch angewandt oder verletzt ist. Durch die Beschwerde werden die Rechte der Parteien nicht berührt.

Die Staatsanwaltschaft als partie principale des Französischen Rechts ist der Hannoverschen Prozeßordnung fremd, es sei denn, daß diese Funktion in der ihr übertragenen Einziehung annotirter Kosten anzutreffen wäre. Aehnlich aber erscheint die Stellung, welche bei Kompetenzkonflikten zwischen Gerichten und Verwaltungsbehörden ihr als Vertreterin der Verwaltungsbehörde durch eine Verordnung vom 26. Januar 1856 angewiesen ist.

II. Oldenburg.

Die Oldenburgsche Prozeßordnung von 1857 hat die Zuständigkeit der Staatsanwaltschaft im bürgerlichen Prozeßverfahren in ähnlicher Weise, wie in Hannover, bestimmt, jedoch im Einzelnen noch mehr eingeschränkt.

Sie giebt der Staatsanwaltschaft das Recht, von allen Akten Einsicht zu nehmen, den Gerichtssitzungen — nicht den Berathungen der Richter — beizuwohnen und nach den Vorträgen der Parteien gutachtliche Erklärungen abzugeben und Anträge zu stellen.

Die Fälle, in denen ihr die Akten vorher mitgetheilt werden müssen, sind weniger zahlreich als in Hannover und Frankreich, — namentlich fehlen darunter die Sachen, welche die öffentliche Ordnung und welche den Staat betreffen.

Vorgeschrieben ist ihre Anhörung nur bei einigen wenigen Incidentverhandlungen, so bei Ablehnungsgesuchen und bei Anträgen auf Ausschluß der Oeffentlichkeit.

Die von ihr zu erhebende Nichtigkeitsbeschwerde im Interesse des Gesetzes hat die gleichen Voraussetzungen und gleiche Bedeutung wie in Hannover.

Sie entscheidet über die Bewilligung des Armenrechts und ordnet der armen Partei einen Anwalt zu.

Ihre Zuziehung endlich ist vorgeschrieben bei der Anordnung oder Aufhebung einer Kuratel wegen Geisteskrankheit, körperlicher Gebrechen und Verschwendung, und ist ihr selbst eine Beschwerde gegen die erkannte Anordnung oder Aufhebung solcher Kuratelen gegeben. Zu bemerken ist hierbei jedoch, daß ein Prozeßverfahren in diesen Fällen nicht stattfindet, daß vielmehr die Anordnung und Aufhebung der Kuratelen lediglich den Vormundschaftsbehörden zusteht, welche darüber nach angestellter Untersuchung zu verfügen haben.

III. Braunschweig.

Die Braunschweigische Prozeßordnung von 1850 kommt der Französischen Gesetzgebung in dem Punkte am nächsten, daß sie die Staatsanwaltschaft als Partei in folgenden Fällen auftreten läßt:

als Vertreterin eines Abwesenden in dringenden Fällen, so lange ein Kurator für ihn noch nicht bestellt ist;

wenn eine wegen öffentlichen Ehehindernisses verbotene Ehe als nichtig anzufechten ist;

wenn auf Interdiktion eines Geistesschwachen, Wahnsinnigen, Taubstummen, Taubblinden oder Verschwenders anzutragen ist, und die nächsten Angehörigen keine Anträge stellen;

desgleichen in allen Fällen, wo gesetzlich verbotene Handlungen im öffentlichen Interesse anzufechten oder wiederaufzuheben sind.

Mehrere andere Bestimmungen des Braunschweigischen Gesetzes über die Theilnahme der Staatsanwaltschaft am Prozesse sind denen in Hannover in der Hauptsache gleich. Namentlich ist die Mittheilung der Akten an die Staatsanwaltschaft, ihre Befugniß, bei der Sachverhandlung sich mit gutachtlichen Erklärungen und Anträgen zu betheiligen, ihre Zuständigkeit zur Bewilligung des Armenrechts, ihre Nichtigkeitsbeschwerde zur Wahrung des Gesetzes, ziemlich ebenso wie in Hannover geordnet. Es fehlen aber Vorschriften über ihre Zuziehung bei Kompetenzbestimmungen, Ablehnungen und andern prozessualischen Incidentpunkten, bei denen in Hannover ihr Vortrag oder ihre Anhörung erforderlich ist.

Auch kennt sowenig die Braunschweigische wie die Oldenburgische Prozeßordnung die staatsanwaltschaftliche Vermittelung der Geschäftsverbindung der Gerichte, oder eine Betheiligung der Staatsanwaltschaft bei prozessualischen Zustellungen.

§. 2.

Die verschiedenen, in den vorerwähnten Gesetzgebungen der Staatsanwaltschaft beigelegten Attribute lassen sich nach zwei Hauptgesichtspunkten sondern. Sie sind nämlich:

A. Theils solche, welche nicht speziell den einzelnen Rechtsfall angehen, sondern die ordnungsmäßige Justizpflege im Allgemeinen bezielen. Dahin gehört diejenige Thätigkeit, welche die Staatsanwaltschaft als Organ der obersten Staatsaufsicht, und diejenige, welche sie als eine verwaltende Behörde für die Zwecke der Justizpflege zu entwickeln hat.

B. Theils aber betreffen sie die einzelne Rechtssache und haben in dieser ihre Bedeutung als prozessualische Funktionen. Dabei ergeben sich nach den Hauptrichtungen ihrer Thätigkeit folgende, getrennt zu haltende Arten derselben:

1) Ihre Thätigkeit als wirkliche Prozeßpartei — **partie principale** — in solchen Fällen, in welchen ihr die Geltendmachung eines Rechts oder die Vertheidigung dagegen vom Gesetze zugewiesen ist.

2) Ihr Auftreten als **partie jointe**, wo sie neben den Prozeßparteien ihre Ansicht darüber, wie zu entscheiden ist, dem Gerichtshofe gutachtlich vorträgt.

Zwischen diesen beiden Arten stehen diejenigen Fälle ihrer Thätigkeit, wo sie zwar nicht selbst als Partei auftritt, aber das Organ ist, durch welches gewisse Incidentanträge oder Beschwerden einer Partei zugleich mit ihrer eigenen gutachtlichen Aeußerung zur gerichtlichen Entscheidung gebracht

3

werden. Dahin gehören größtentheils die oben Seite 33 sub B. 2 aufgeführten Fälle, in denen ohne Gehör der Gegenpartei eine Verfügung zu treffen ist.

3) Ihre Thätigkeit zur Vermittelung der im Prozesse sich ergebenden Geschäftsbeziehungen des Prozeßgerichts zu andern Gerichten oder sonstigen Behörden, sowie ihre Vermittelung bei Zustellungen im Auslande und durch die öffentlichen Blätter.

4) Die ihr überlassene Ertheilung des Armenrechts und die Einziehung annotirter Kosten.

5) Endlich kann hierher auch gehören diejenige Thätigkeit, welche sie vermöge der ihr anvertrauten speziellen Dienstaufsicht über Advokaten, Anwälte, Gerichtsschreiber, Gerichtsvögte auszuüben hat, insofern es sich dabei um einzelne bestimmte Handlungen dieser Personen im Prozesse bei denen ein Partei-Interesse in Frage steht, handelt.

C. Weder ganz zu der einen noch zu der andern Klasse gehört die ihr übertragene Beschwerde im Interesse des Gesetzes, welche zwar eine im Einzelfalle ergangene Entscheidung oder Verfügung zum Gegenstande hat, aber doch an dieser für den betreffenden Fall nichts zu ändern vermag, sondern nur im Interesse der künftigen Rechtsanwendung einen Ausspruch des höchsten Gerichtshofes über eine stattgehabte Verletzung oder falsche Anwendung des Gesetzes herbeiführen soll.

Es wird dienlich sein, diese verschiedenen Richtungen der staatsanwaltschaftlichen Thätigkeit auseinanderzuhalten, wenn es sich darum handelt, ob und was davon eine Deutsche bürgerliche Prozeßordnung an- und aufnehmen soll.

§. 3.

Daß die Staatsregierung zur Ausübung der ihr zustehenden Oberaufsicht über die gesammte Justizpflege, also auch über die Civiljustiz, des Organs der Staatsanwaltschaft sich bediene, empfiehlt sich als die zweckmäßigste und wirksamste Einrichtung. Es muß anerkannt werden, daß alle sonstigen, bisher zu diesem Zwecke in Deutschland angewandten Mittel und Organe — regelmäßige oder außerordentliche Gerichtsvisitationen, Geschäftsberichte und Tabellen, oder die den Präsidenten der Gerichtshöfe übertragenen besondern Kontrole-Pflichten — nicht genügend gewesen sind, um die Staatsregierung von dem wahren Zustande der Justizpflege in den Gerichtshöfen des Landes in fortlaufender Kenntniß zu erhalten, um Mängel und Mißstände rasch und auf zweckmäßige Weise beseitigen zu können. Tabellen und Register, wenn sie auch mit voller Gewissenhaftigkeit aufgestellt werden, legen doch immer nur ein nacktes Resultat in seiner Außenseite zu Tage; die Ursachen eines in ihnen äußerlich hervortretenden Uebelstandes, die innere Behandlung der Sachen, die Beobachtung der gesetzlichen Formen, werden sie in den seltensten Fällen erkennen lassen und noch weniger die geeigneten Mittel zur Abstellung von Mängeln an die Hand geben. Gerichtsvisitationen sind vorübergehende Kontrolen, und weil sie das sind, können sie auch nur eine theilweise und mangelhafte Einsicht in den Zustand der Rechtspflege bei dem visitirten Gerichtshofe gewähren; sie sind überhaupt — wie Feuerbach über Oeffentlichkeit und Mündlichkeit Bd. II. S. 138 richtig bemerkt — mehr dazu geeignet, einzelne schon eingerissene Mißbräuche zu entdecken, als dem Entstehen und Ueberhandnehmen derselben entgegenzuwirken. Und was die Kontrole der Gerichte durch die Präsidenten betrifft, so muß der Gedanke, daß diese selbst ein Theil und zwar die Spitze ihres Gerichtshofes sind, sogleich das Mißliche und Bedenkliche einer nur durch sie allein auszuübenden Oberaufsicht hervortreten lassen.

Die Staatsanwaltschaft steht dagegen neben dem Gerichtshofe, ist eine selbstständige Behörde und hat daher auch kein Interesse und keinen Antrieb, etwa sich zeigende Mängel und Ordnungswidrigkeiten zu verschweigen und hingehen zu lassen. Andererseits aber ist ihr durch ihre fortdauernde Geschäftsverbindung mit dem Gerichte die beste Gelegenheit gegeben, die Handhabung der Justizpflege bei demselben aus unmittelbarster Nähe zu beobachten und kennen zu lernen. Sie kann schon dadurch allein einen heilsamen Einfluß üben, daß ihre stete Nähe alle beim Gerichte thätigen Personen in Aufmerksamkeit auf sich selbst erhält und jeden Einzelnen wachsam macht; wenn aber Mißbräuche sich zeigen, so wird sie dieselben in den meisten Fällen durch geeignete Anträge beim Präsidenten sachgemäß und zugleich schonend beseitigen können; ergeben sich Mängel anderer Art oder neue Bedürfnisse, so ist ihre Hülfe wieder der einfachste und wirksamste Weg zu deren Abstellung.

Nun läßt sich zwar der Einwand erheben, daß die Unabhängigkeit der Gerichte leichter in Gefahr kommen könne, wenn in den Staatsanwaltschaften das Organ gegeben sei, die Gerichte fortdauernd zu kontroliren und auf sie einzuwirken. Die Geschichte des ersten Französischen Kaiserreichs zeigt auch, daß damals in Frankreich die Beamten des ministère public vielfach dazu benutzt sind, den politischen Gesinnungen nachzuspüren und pflichtgetreue Richter, wenn ihre Urtheilssprüche der kaiserlichen Politik entgegen waren, zu verfolgen. Allein die Gefahr eines Mißbrauchs ist immer vorhanden, mag die Oberaufsicht auf die eine oder andere Weise geübt werden. Eine Regierung, welche sich nicht scheut, die Unabhängigkeit der Gerichte anzutasten, wird dazu auch ohne das Institut der Staatsanwaltschaft immer die Mittel und Werkzeuge zu finden wissen, und diese werden dann oft noch viel gefährlicher sein als die organisirte und verantwortliche Staatsbehörde. Jedenfalls aber ist die Staatsanwaltschaft in dem bei Weiten größten Theile Deutschlands bereits eingeführt, Niemand denkt daran, sie wieder zu beseitigen, und kann daher nur das noch in Frage sein, ob den bereits vorhandenen Organe auch die Ueberwachung der Civil-Justizpflege anvertraut werden soll. Bei dieser Sachlage würde die vorausgesetzte Gefahr für die richterliche Unabhängigkeit kaum eine geringere sein, wenn auch die Frage verneint würde.

Dabei versteht es sich jedoch, daß die in dieser Richtung der Staatsanwaltschaft einzuräumenden Funktionen im Wesentlichen beobachtender und vermittelnder Natur bleiben müssen, daß insbesondere ihr nicht selbstständige Verfügungsrechte beigelegt und sie nicht selbst zur Disciplinarbehörde für die Gerichte gemacht werden darf. Im Einzelnen aber werden die nähern Bestimmungen hierüber von dem Dienstorganismus der verschiedenen Staaten abhängen.

Hierin stimmen denn auch alle Schriftsteller über die Staatsanwaltschaft, deren Ansichten mir zugänglich waren, völlig überein. Sie Alle sprechen sich dafür aus, daß die Oberaufsicht des Staats über die Justizpflege am wirksamsten und zweckmäßigsten durch die Staatsanwaltschaft wahrgenommen werde, und Niemand von ihnen will hinsichtlich der bürgerlichen Justizpflege eine Ausnahme gemacht wissen *).

§. 4.

Ganz andere Gesichtspunkte ergeben sich für diejenigen staatsanwaltschaftlichen Funktionen, welche eine Thätigkeit im Prozesse für den einzelnen Rechtsfall bezielen.

1) Das Auftreten der Staatsanwaltschaft als partie principale in gewissen Rechtssachen, bei denen das Staatsoberhaupt, der Staat oder die öffentliche Ordnung besonders betheiligt sind, ist m. E. ein Punkt, der ganz außerhalb des Bereiches einer Prozeßordnung steht und auf welchen die mir gestellte Frage gar nicht bezogen werden kann. Wenn die Staatsanwaltschaft selbst Partei im Prozesse ist — sei es als Kläger, Beklagter, Intervenient oder in welcher andern Parteirolle — da muß sie natürlich auch in dieser Rolle thätig werden können, da kann es allenfalls in Frage kommen, ob für sie als Partei einzelne Abweichungen von den allgemeinen Prozeßvorschriften statuirt werden sollen (z. B. ob sie von der Regel der nothwendigen Vertretung durch einen Anwalt auszunehmen ist), — aber

---

*) Feuerbach, über Oeffentlichkeit und Mündlichkeit 2c. Bd. II. S. 138; Müller, das Institut der Staatsanwaltschaft §. 117 ff.; Frey, Frankreichs Civil- und Kriminal-Verfassung S. 230; Gerau im Archiv für civil. Praxis Bd. 2 S. 324 ff.; Berninger, das Institut der Staatsanwaltschaft S. 24 ff.

niemals kann es die Frage sein, ob auf diesen ihren eigenen Prozeß ihre Thätigkeit erstreckt werden soll.

Wer in einem Prozesse Partei sein kann, ist eine Frage des materiellen Rechts, nicht der Prozeßgesetzgebung. Denn es kommt dabei zunächst darauf an, ob ein im Wege Rechtens geltend zu machendes Recht überhaupt vorhanden ist, und sodann darauf, wer die berechtigten, bez. verpflichteten Subjekte sind, oder wen sonst die Gesetzgebung als den Träger und Vertreter des Rechts anerkennt. So ist z. B. in mehreren Deutschen Staaten wider verbotene Ehen eine Nichtigkeitsklage im Interesse der öffentlichen Ordnung eingeführt, welche anderswo unbekannt ist*); der eine Staat läßt über Anträge auf Interdiktion eines Wahnsinnigen oder Verschwenders im Prozeßwege von den Gerichten entscheiden, während in andern Ländern ein Prozeßverfahren darüber gar nicht stattfindet, sondern die Anordnung solcher Kuratelen und Interdictionen den Vormundschaftsbehörden überwiesen ist. Diese Verschiedenheiten werden schwer auszugleichen sein, um so schwerer, als sie theils — wie bei der Klage auf Nichtigkeitserklärung einer Ehe — mit konfessionellen Standpunkten zusammenhängen, theils der ganze Organismus der staatlichen Behörden dabei in Frage kommt. Geht man die Sachen im Einzelnen durch, in welchen das Französische Recht der Staatsanwaltschaft die Rolle einer partie principale zutheilt, so wird man darunter nicht eine einzige finden, hinsichtlich welcher die materiellen Grundlagen und Voraussetzungen in allen Deutschen Staaten gleichmäßig gegeben wären.

Es wird also von dem materiellen Rechte des einzelnen Landes abhängig bleiben, ob und wann die Staatsanwaltschaft in einem bürgerlichen Rechtsstreite Prozeßpartei sein kann. Damit stimmt auch Plathner in seinem Gutachten (Verhandlungen des zweiten Deutschen Juristentages I. S. 109 ff.) im Allgemeinen überein. Wenn er aber trotzdem sich dahin ausspricht, daß der Staatsanwaltschaft das Recht zur Klage auf Nichtigkeitserklärung einer Ehe und auf Interdiktion beizulegen sei, so scheint er dabei allzusehr vom speziellen Standpunkte der Preußischen Gesetzgebung ausgegangen zu sein und die materiellen Verschiedenheiten im Rechte anderer Staaten nicht berücksichtigt zu haben. Nach meiner Ansicht wird nur da, wo das Civilgesetz eines Landes der Staatsanwaltschaft ein gerichtlich zu verfolgendes Recht oder Widerspruchsrecht in die Hand giebt, sie als Prozeßpartei vor Gericht in Betracht kommen können, andernfalls aber nicht.

*) In dem einen Lande sind Klagen in Ehesachen an die ordentlichen Civilgerichte gewiesen, während in andern Staaten diese Klagen noch zur geistlichen Gerichtsbarkeit gehören und in einem von dem sonstigen Prozeßgange ganz abweichenden Verfahren verhandelt werden.

§. 5.

2. Den Kern der Frage scheint die Stellung der Staatsanwaltschaft als sog. **partie jointe** im Prozesse zu enthalten. In dieser Beziehung ist auch unter den Deutschen Juristen die wenigste Uebereinstimmung. Feuerbach, Frey, Gerau, Mittermayer, Plathner widerrathen dringend die Einführung einer solchen Funktion in die Deutsche Gesetzgebung, während Müller und neuerdings Berninger ihr sehr das Wort reden und Bräuer sie mit der Einschränkung auf die wichtigern Fälle des öffentlichen Interesses zulassen will. Meine Ansicht geht dahin, daß diese staatsanwaltschaftliche Funktion weder im Prinzipe richtig ist, noch durch Gründe des praktischen Nutzens gerechtfertigt wird.

Fragt man zuvörderst, in welcher Eigenschaft die Staatsanwaltschaft in einem bürgerlichen Prozesse, in welchem sie nicht selbst Partei ist, thätigen Antheil nehmen soll, so ist die Antwort immer: als Organ des Gesetzes. Als solches soll sie befugt sein — und nach Französischem Rechte in einer nicht geringen Zahl von Prozessen auch verpflichtet sein — nach Beendigung der Parteivorträge dem Gerichte ihre Ansicht zu eröffnen, wie in dem vorliegenden Falle zu urtheilen ist. Ihre gutachtliche Erklärung hätte darnach die Natur und Bedeutung eines konsultativen Votums und sie selbst hätte den Charakter eines Gehülfen des Gerichts.

Dabei muß es aber sofort als eine Inkonsequenz erscheinen, daß das Organ des Gesetzes nicht in allen Sachen sein gutachtliches Votum über die zu fällende Entscheidung abzugeben hat, daß es vielmehr der physischen Person, worin dieses Organ verkörpert ist, immer oder doch der Regel nach überlassen ist, ob es schweigen oder sich vernehmen lassen will. Dem auftretenden Staatsanwalte kann doch nicht auch die Fähigkeit zugetraut werden, daß er schon vorher die Gedanken der Richter ergründen und wissen könne, ob sie die in Frage kommenden Rechtsverhältnisse richtig aufgefaßt haben und das Gesetz nun auch richtig anwenden werden. Und weil er diese Fähigkeit nicht hat, so wird er oft sprechen, wo seine Worte mindestens überflüssig sind, und da schweigen, wo es ersprießlich gewesen wäre, zu reden. Eine Gesetzgebung, welche auf die Anhörung des Staatsanwalts, als eines Organs des Gesetzes, also im Interesse und zur Beförderung eines gerechten Richterspruchs, Werth legt, kann es jedenfalls nicht von dem Belieben des Staatsanwalts selbst abhängig machen, ob er diese Förderung leisten will oder nicht. Sie muß dann entweder sein gutachtliches Votum für alle Sachen vorschreiben, oder es dem Beschlusse des Gerichts anheimstellen, ob dieses seine gutachtliche Aeußerung noch für nothwendig oder diensam erachtet.

Mit Recht ist ferner auch schon von Andern (Feuerbach, Frey) auf den Widerspruch aufmerksam gemacht, in welchen die Staatsanwaltschaft in Frankreich in ihrer Eigenschaft als Organ des Gesetzes mit sich selbst tritt, wenn sie auch als partie principale zu handeln hat. In letzterer Eigenschaft soll sie als Partei auftreten und ein Partei-Interesse wahrnehmen und vertreten, und gleichzeitig soll sie doch in derselben Sache auch als Organ des Gesetzes sich geltend machen können! Welchen Werth die Konklusion eines solchen selbst als Partei betheiligten Organs für die richterliche Entscheidung haben können, liegt auf der Hand: keinen andern Werth als die Ausführungen und Anträge jeder andern Partei. Wenn Französische Juristen, diesen Widerspruch an sich zugebend, ihn dadurch heben wollen, daß sie von der Staatsanwaltschaft verlangen, sie solle in derselben Sache nach ihrer doppelten Stellung zuerst als Partei für ihre Sache und dann als das unbefangene Organ des Gesetzes im Interesse der Gerechtigkeit plaidiren, so ist damit wohl ohne Weiteres die Sache verurtheilt; und wenn Merlin (Questions de droit) damit uns beruhigen will, daß es „nicht ohne Beispiel sei", daß ein Staatsanwalt, dieser Doppelstellung getreu, in so entgegengesetzter Weise konkludirt habe, so ist der Trost fürwahr ein sehr schwacher.

Sehen wir aber ab von jener Inkonsequenz und diesem Widerspruche, fragen wir, ob es denn überhaupt ein richtiger Gedanke ist, noch neben dem Gerichte eine andere Staatsbehörde in bürgerlichen Rechtssachen als Organ des Gesetzes hinzustellen. Ich glaube es nicht. Für die Rechtsprechung im einzelnen Streitfalle sind die Gerichte die verfassungsmäßigen Organe des Gesetzes, indem sie den Willen des Gesetzes auf den gegebenen Fall zur Anwendung zu bringen und darnach zu entscheiden haben. Daß die Gerichte so eingerichtet und so besetzt seien, daß sie dieser Aufgabe genügen und in ihren Aussprüchen als die wahren Organe des Gesetzes erscheinen, darauf muß die unablässige Sorgfalt der Staatsregierung gerichtet sein. Aber ein zweites Organ des Gesetzes noch neben dem Gerichte? Man sollte denken: Wie die Wahrheit des Gesetzes nur eine sein kann, so könne auch der Staat dafür nur ein Organ einrichten, damit nicht die verschiedenen Organe durch widersprechende Aussprüche über den Willen des Gesetzes dessen wahren Willen unerkennbar machen. Die Staatsanwaltschaft und die Gerichtshöfe sind beide vom Staate eingesetzte Behörden; wenn in derselben Sache die eine als Organ des Gesetzes Erklärungen abgiebt, die andere ebenfalls als Organ des Gesetzes entscheidet, und nun beide nicht übereinstimmen, so ist es im Grunde doch die höchste Staatsgewalt, welche durch den Mund ihrer Behörden in derselben Sache den Willen des Gesetzes in so verschiedener Weise ausspricht. Sicherlich kann es aber nicht im Interesse des Staats liegen, das Vertrauen in die richterliche Gesetzesanwendung, die Achtung, die ihren Urtheilssprüchen gebührt, dadurch zu zerstören oder auch nur zu schwächen, daß noch eine andere Staatsbehörde eine entgegengesetzte Anwendung des Gesetzes für die richtige erklärt.

Ferner: Wenn eine vom Staate eingesetzte Behörde das Organ des Gesetzes darstellen, durch ihren Mund der wahre Wille des Gesetzes sich kund thun soll, so müßte doch den Aussprüchen derselben eine Geltung gesichert sein. Die Vorträge und Anträge aber der Staatsanwaltschaft sind nur Gutachten, an welche das entscheidende Gericht nicht gebunden ist, welche dieses billigen oder verwerfen kann. Heißt das nicht mit andern Worten: obgleich ich, der Staat, eine Behörde eingesetzt habe, welche als Organ des Gesetzes dessen wahren Willen aussprechen soll, so überlasse ich es doch den Gerichten, ob sie diesen Aussprüchen folgen wollen oder nicht?

Ist eine Behörde im Staate so konstruirt und mit solchen Personen besetzt, daß von ihr für die Rechtsprechung, also für die richtige Anwendung des Gesetzes auf den einzelnen Fall, Ersprießliches zu erwarten ist, so mag daran gedacht werden, dieselbe an der Rechtsprechung auch zu betheiligen, sei es, daß sie allein zur Entscheidung von Rechtsfragen berufen werde, oder daß ihre Beamten zusammen mit den Richtern die Urtheile fällen. Aber fehlerhaft muß es erscheinen, eine Behörde, von welcher doch vorausgesetzt wird, daß gerade sie befähigt sei, als Organ des Gesetzes zu gelten, über die Anwendung des Gesetzes blos reden zu lassen, von jeder wirklichen Geltung aber sie dabei auszuschließen.

Wie steht es aber mit der Voraussetzung selbst? Man kann auch sie nicht anerkennen. Die Beamten der Staatsanwaltschaft und die Richter machen überall dieselben Studien; ihre praktische Vorbereitung für den Staatsdienst ist dieselbe, und beide haben auch ziemlich die gleichen Berührungen mit dem Leben des Volks. In Beziehung auf ihren Bildungsgang kann man also den einen keine größere Befähigung zur Anwendung des Gesetzes in bürgerlichen Rechtsstreitigkeiten zuschreiben, als den andern. Was aber den staatsanwaltschaftlichen Beamten ganz fehlt, das sind die Garantien, womit überall die Staatsverfassungen die Stellung der Richter umgeben haben, damit sie in der Uebung ihres Amtes sich unabhängig von äußeren Einflüssen fühlen können. Diese Unabhängigkeit ist stets und mit Recht als ein Haupterforderniß für eine gute Justiz anerkannt worden. Die Beamten der Staatsanwaltschaft aber sollen ihrer ganzen Organisation nach nicht unabhängig, sondern verpflichtet sein, den Befehlen ihrer Vorgesetzten und in höchster Stelle des Justizministers zu folgen. Sie werden außerdem durch ihre sonstige Beschäftigung, namentlich als Ankläger in Strafsachen, mehr daran gewöhnt, Partei zu nehmen, als eine ganz unbefangene Stellung zu der Sache zu behaupten. Im Allgemeinen sind daher sicherlich die Staatsanwaltschaften nicht diejenigen Behörden, denen mit Recht die hohe Funktion, ein Organ des Gesetzes in bürgerlichen Rechtssachen zu sein, beigelegt werden dürfte. Wenn aber der einzelne bei ihnen angestellte Beamte, wie es gewiß oft der Fall ist, eine hervorragende Befähigung zu solcher Funktion zeigt, so liegt es ja am nächsten, ihn recht bald in einen Gerichtshof als Richter eintreten zu lassen, damit er dort für die richtige Gesetzesanwendung thätig werde.

Die Staatsanwaltschaft als partie jointe hat aber noch andere bedenkliche Seiten. Nach Deutschen Ansichten und Begriffen soll der Staat in die Privat-Rechtsstreitigkeiten seiner Bürger sich nicht weiter mischen, als daß er ihnen den Richter giebt, der den Streit nach den Gesetzen entscheidet, und daß er das Prozeßverfahren in zweckmäßiger Weise gesetzlich ordnet. Vor dem Richter aber soll der Grundsatz der Gleichheit der Parteien gelten. Dieser Grundsatz wird in der That nicht aufrecht erhalten, wenn die Staatsanwaltschaft im Prozesse mit Erklärungen und Anträgen auftritt, welche doch faktisch immer zu Gunsten der einen, und zum Nachtheil der andern Partei lauten müssen. Mag auch die Staatsanwaltschaft dabei sich fest am Boden des Gesetzes halten, mögen ihre Anträge noch so sehr dem Gesetze entsprechen, in der That hilft sie doch der einen Partei gegen die andere; sie hilft ihr auf Kosten des Staats und mit dem Ansehen einer öffentlichen Behörde. Schwerlich wird es den rechtsuchenden Parteien und namentlich dem unterliegenden Theile einleuchten, daß diese Hülfe mit der Forderung einer gleichen Gerechtigkeit für Alle vereinbar sei. Daran aber ist vor allen Dingen gelegen, daß auch im Volke der Glaube nicht erschüttert werde, daß die Staatsregierung im Gebiete der Justizpflege keine andere Zwecke zu verfolgen habe, als daß für Alle eine gleiche Gerechtigkeit geübt werde.

Dieses Bedenken wird ganz besonders angeregt, wenn man diejenigen Sachen in's Auge faßt, in denen nach Französischem Rechte die Staatsanwaltschaft mit ihren Konklusionen sich vernehmen lassen muß. Wenn als solche genannt sind die, welche den Staat, das Staatsvermögen, die Gemeinden und öffentliche Anstalten betreffen, und die, in welchen eine Partei minderjährig ist oder unter Kuratel steht, so kann man doch darüber wohl nicht zweifeln, daß es gerade die Absicht gewesen ist, diesen physischen und juristischen Personen, wenn sie einen Prozeß zu führen haben, durch die Staatsanwaltschaft eine besondere Unterstützung vor Gericht zu gewähren. Mag immerhin diese Unterstützung nur dahin gehen sollen, daß alle Gründe, welche für ihre Sache nach Recht und Gesetz sprechen, gehörig an- und ausgeführt werden, mag auch die Staatsanwaltschaft verpflichtet sein, wenn sie das Recht auf Seiten der andern Partei findet, gegen den Staat, die Gemeinde, den Kuranden zu konkludiren; wird aber der Staatsanwalt es vergessen können, daß seine Thätigkeit hier deshalb beansprucht wird, weil die eine Partei eine Person ist, welcher das Gesetz doch eine besondere Fürsorge widmet? Wird dieser Gedanke ihn nicht vielmehr dahin führen, daß er die für diese Partei sprechenden Gründe mit Eifer erforscht und darlegt, für die Gegenpartei aber nicht die gleiche Sorgfalt an den Tag legt, ihr selbst es überlassend, ihre Rechtszuständigkeiten geltend zu machen? Die Gefahr liegt wenigstens nahe genug.

Für Hannover und die andern Staaten, deren Prozeßordnungen eine Verpflichtung des Staatsanwalts, in gewissen Sachen sich zu erklären, nicht vorschreiben, kann das letztere Bedenken zwar nicht Platz greifen. Aber hier zeigt sich denn auch die völlige Entbehrlichkeit der eingeräumten Befugniß. Obwohl die neue Hannoversche Prozeßordnung nun fast seit zehn Jahren in Anwendung steht und ich während dieser Zeit bei drei verschiedenen Obergerichten angestellt gewesen bin, ist mir noch nicht ein einziger Fall vorgekommen, daß die Staatsanwaltschaft von dieser Befugniß Gebrauch gemacht hätte. Jedenfalls ist auch bei den andern Hannoverschen Gerichtshöfen die gutachtliche Aeußerung der Staatsanwaltschaft bei der Prozeßverhandlung eine sehr große Seltenheit geblieben. Das Gleiche wird mir aus Oldenburg von zuverlässiger Seite bezeugt. Ein Bedürfniß dafür hat sich also jedenfalls nicht gezeigt; sonst würde gewiß der vom Gesetze eröffnete Weg nicht so ganz unbenutzt geblieben sein.

Man hat wohl auch versucht, der Staatsanwaltschaft als partie jointe noch eine andere Eigenschaft als die eines Organs des Gesetzes beizulegen und daraus ihre Berechtigung herzuleiten. Es soll nämlich der Staat, als Vertreter der höhern rechtlichen und sittlichen Ordnung, bei vielen Privatrechtsstreitigkeiten ein Interesse haben, welches, über den Standpunkt der Parteien erhaben, nicht diesen anvertaut werden könne, zu dessen Wahrnehmung vielmehr ein eigenes Organ dem Staate zu Gebote stehen müsse. Die Aufstellung ist etwas unbestimmt und dunkel, und anscheinend liegt auch kein richtiger Gedanke derselben zum Grunde. Wenn es in bürgerlichen Rechtsstreitigkeiten die Aufgabe des richterlichen Amts ist, die Streitfälle nach den Gesetzen zu entscheiden, nicht aber im einzelnen Falle das sittliche Gebot zur Anwendung zu bringen, so muß die Vertretung der sittlichen Ordnung im Prozesse als ein Widerspruch mit dem Zwecke des Prozeßverfahrens erkannt werden. Die höhere rechtliche Ordnung aber besteht im Staate darin, daß seine Gesetze gut sind und daß diese Gesetze in den Gerichtshöfen zur Anwendung kommen; das erstere ist durch die Gesetzgebung zu erstreben, für das letztere muß die Oberaufsicht thätig werden. Eine Umkehrung aber dieser Grundprinzipien würde es sein, wenn man im konkreten Falle die Anwendung des Gesetzes deshalb unterlassen wollte, weil dasselbe einer höhern rechtlichen und sittlichen Ordnung nicht entspräche. Gegen eine solche Auffassung der staatsanwaltschaftlichen Thätigkeit glaubt auch der neueste Schriftsteller über diesen Gegenstand (Berninger l. c. S. 22) sich verwahren zu müssen; er will die Interessen der höhern rechtlichen und fittlichen Ordnung nur in der Richtung vertreten lassen, daß den Gesetzen und der Gerechtigkeit gemäß entschieden werde und andererseits, daß die Gesetze keine unrichtige „und den Staatsinteressen zuwiderlaufende" Auslegung erhalten. Der erstere Zweck jedoch führt uns lediglich zu der Eigenschaft der Staatsanwaltschaft als Organ des Gesetzes — davon ist oben die Rede gewesen — in dem angegebenen fernern Zwecke aber, „daß die bestehenden Gesetze keine den Staatsinteressen zuwiderlaufende Auslegung erhalten", liegt eben jene falsche Auffassung von dem Wesen der Justizpflege. Denn ist nur die Auslegung des Gesetzes eine richtige, so muß sie im einzelnen Falle zur Anwendung kommen, sollte auch ein Interesse des Staats dadurch benachtheiligt werden. Käme aber wirklich ein erhebliches öffentliches Interesse durch die richterliche Gesetzesauslegung in Gefahr, so wird es die Aufgabe der gesetzgebenden Gewalt sein, dem abzuhelfen.

Nun kann es zwar nicht verkannt werden, daß es in jeder Gesetzgebung gebietende und verbietende Normen giebt, welche aus Rücksichten des Gemeinwohls auch im Gebiete des privatrechtlichen Verkehrs der Disposition der Parteien entzogen sind und deren Geltendmachung im Prozesse daher auch nicht von ihrem Belieben abhängen darf. Es ist auch ferner richtig, daß die Pflicht des Richters, diese Bestimmungen von Amtswegen zu berücksichtigen, nicht immer genügt, um deren Anwendung zu sichern, nämlich dann nicht, wenn das faktische Material, worauf jene Normen zu beziehen sind, von den Parteien im Prozesse nicht vorgebracht wird. Für solche Fälle kann es allerdings im öffentlichen Interesse liegen, daß eine Staatsbehörde im Rechtsstreite thätg werde, — aber dann nicht als partie jointe, sondern mit selbstständigen Parteirechten, also als wirkliche Prozeßpartei. Als partie jointe würde sie in dieser Richtung doch wenig nützen können, da sie als solche es nicht in der Hand hätte, selbstständig in thatsächlicher Beziehung vorzugehen. Nur wenn sie als Prozeßpartei, sei es als Klägerin, Beklagte oder Intervenientin, auf die thatsächliche Konstruktion des Rechtsstreits Einfluß hat, wird durch sie die Anwendung solcher, ein öffentliches Interesse bezielenden Gebote und Verbote gesichert werden können. Auf diesen Weg weiset insbesondere auch Gerau im Archive für civile Praxis Bd. 32, S. 338 ff. hin. Ich habe jedoch schon oben bemerkt, daß die Feststellung der hierher zu zählenden Fälle von der Civilgesetzgebung des einzelnen Landes abhängt und die darin begründeten Verschiedenheiten es mindestens sehr bedenklich machen, in einer allgemeinen deutschen Prozeßordnung darüber Bestimmungen zu treffen.

Schließlich komme ich nochmals zurück auf die Erfahrungen, welche man in Hannover und Oldenburg mit der Staatsanwaltschaft als partie jointe gemacht hat. Sie beweisen wohl auf's Klarste, daß für diese Seite der staatsanwaltschaftlichen Thätigkeit in Deutschland kein Bedürfniß vorhanden ist. Das ist auch mehrfach selbst von Beamten der Staatsanwaltschaft gegen mich ausgesprochen. Wie gegenwärtig hier die Sache liegt, darf man dreist behaupten, daß die Anwendung des Civilrechts und selbst der Civilprozeßgesetze dem sonstigen Geschäftskreise dieser Beamten viel zu fern bleibt, als daß von ihrem Eingreifen in die Verhandlung der bürgerlichen Streitsachen ein irgend erheblicher Nutzen für die richtige Entscheidung erwartet werden könnte. Wollte man aber, um sie in diesen Rechtsgebieten in lebendiger Uebung zu erhalten, die jetzt geltende Befugniß zur Abgabe gutachtlicher Erklärungen in eine Verpflichtung dazu umwandeln, so hätte man denn auch die zwei — praktisch nicht unwichtigen — Punkte noch zu bedenken, nämlich erstens, daß das Personal der Staatsanwaltschaften dazu ganz erheblich vermehrt werden müßte, und zweitens, daß das Plaidiren der Staatsanwaltschaft auch für die Gerichte einen Mehraufwand an Zeit zu Wege bringt, was schließlich auch zu einer Vermehrung des Richterpersonals führen müßte.

Dieselben Gründe, welche dem Vorstehenden nach gegen die Betheiligung der Staatsanwaltschaft als partie jointe an der Verhandlung der Hauptsache sprechen, gelten auch hinsichtlich ihrer Betheiligung an der Verhandlung derjenigen Incidentpunkte, bei denen das französische Recht und andere Gesetzgebungen ihre Erklärung oder ihre Anträge fordern (demande en désaveu, Gesuche um Restitution u. s. w.). Denn auch dabei handelt es sich um Partei-Interessen und Rechte, welche nach den Gesetzen zu entscheiden sind, und dazu bedarf es der Dazwischenkunft der Staatsanwaltschaft nicht. (Makower in der Deutschen Gerichtszeitung de 1861 Nr. 36 und 37.)

Besondere Berücksichtigung scheinen hier jedoch zweierlei Fälle zu verdienen, theils diejenigen, in denen es sich darum handelt, erst den Richter zu finden, welcher die Sache entscheiden soll (Kompetenzkonflikte unter mehren Gerichten, Behinderung des zuständigen Gerichts), und theils die Erledigung der Requisitionen auswärtiger Behörden, wenn es dabei auf die Beobachtung der Reziprozität ankommt. In Betreff der ersteren Fälle ist wohl auf deren Charakter als Justizpolizeisache hingewiesen, um die Einwirkung der Staatsanwaltschaft zu rechtfertigen, und hinsichtlich der letztern darauf, daß über die Frage der Reziprozität nicht der Richter, sondern nur die Staatsregierung urtheilen könne. Letzteres ist ohne Zweifel richtig, aber damit noch nicht die Nothwendigkeit einer staatsanwaltschaftlichen Betheiligung gegeben, da die entscheidende Erklärung doch nur vom Justizminister erfolgen und von diesem durch das requirirte Gericht selbst eingeholt werden kann. Was aber die justizpolizeiliche Eigenschaft jener andern Fälle betrifft, so wird es dabei ganz wesentlich auf die Verfassung und Gesetzgebung des einzelnen Landes ankommen. Wo die Hebung von Kompetenzkonflikten und bei Behinderung des zuständigen Gerichts die Bestimmung eines andern Gerichts in die Hand des obern Gerichts gelegt ist und dieses nicht nach Zweckmäßigkeitsgründen, sondern nach positiven Normen die Entscheidung zu geben hat, da tritt der Charakter einer Justizpolizeisache ganz zurück und das Recht der Partei in den Vordergrund. Wenn aber für diese Fragen nicht im Voraus gesetzliche Normen gegeben sind, oder diese den Rücksichten der Zweckmäßigkeit offenen Raum lassen, da wird es allerdings sich empfehlen, die Staatsanwaltschaft zur Erledigung jener Anstände thätig werden zu lassen. Dann aber wird auch hier nicht von einer Thätigkeit als partie jointe zu reden sein, sondern ihr eine selbstständigere Stellung einzuräumen sein.

§. 6.

3. Das Bestreben des Französischen Rechts, die Thätigkeit des Gerichts auf die Entscheidung der einzelnen ihm vorgetragenen Streitpunkte zu beschränken, hat auch dahin geführt, alle im Prozesse sich ergebenden geschäftlichen Beziehungen der Gerichte unter sich oder mit andern Behörden durch die Staatsanwaltschaft vermitteln zu lassen. Die Deutschen Staaten aber, welche im Uebrigen die Staatsanwaltschaft der Französischen nachgebildet haben, sind hierin dem Muster entweder gar nicht gefolgt, oder haben (wie Hannover) sehr bald die staatsanwaltschaftliche Vermittelung wieder aufgegeben. Ich glaube, mit gutem Grunde. Denn theils ist doch in der That nicht abzusehen, wie die Stellung des Gerichts als rechtsprechende Behörde dadurch gefährdet werden kann, daß es selbst die zur Ausführung seiner Beschlüsse erforderlichen Requisitionen und andre Schreiben erläßt. Theils aber liegt es zu Tage, daß der Umweg durch die Staatsanwaltschaft die Arbeit, namentlich die Schreiberei, erheblich vermehrt, neue Kosten und Verzögerungen verursacht. Auch kann eine unrichtige Auffassung des Gerichtsbeschlusses oder ein sonstiges Versehen dabei jedenfalls leichter vorkommen, wenn die Ausführung des Beschlusses noch wieder der Vermittelung einer andern Behörde anvertraut ist, als wenn das beschließende Gericht selbst sich direkt an die ausführende Stelle zu wenden hat.

In Hannover ist es von keiner Seite bedauert, daß diese staatsanwaltschaftliche Thätigkeit wieder aufgehört hat, am wenigsten aber von den Staatsanwaltschaften selbst, welche an diesem „Briefträgerdienste“ kein Gefallen fanden.

Etwas anders liegt wohl die Sache, wenn Zustellungen im Auslande oder durch die öffentlichen Blätter zu machen sind. Ob dabei eine Vermittelung der Staatsanwaltschaft zweckmäßig ist, scheint davon abzuhängen, wie im Uebrigen der Schriftenwechsel unter den Parteien, die Zustellung von Ladungen und sonstigen Mittheilungen an sie besorgt werden. Wird dabei, wie in Frankreich und Hannover, das Gericht selbst gar nicht thätig, haben allein die Parteien selbst, entweder direkt (von Anwalt zu Anwalt) oder durch die Gerichtsvoigte alle Arten von Zustellungen zu machen, so ist es auch ganz konsequent, die Gerichte nicht ausnahmsweise für die Zustellungen im Auslande oder durch öffentliche Blätter in Thätigkeit zu setzen. Dann wird es am nächsten liegen, die bei diesen Zustellungen regelmäßig nöthige Vermittelung einer Behörde durch die Staatsanwaltschaften gewähren zu lassen. Hat dagegen, wie im gemeinrechtlichen Prozeßgange, der Richter überhaupt die Vermittelung der Geschäftsverbindung der Parteien in seiner Hand, so ist natürlich auch kein Grund vorhanden, dieselbe in jenen zwei besondern Fällen ihm abzunehmen *).

4. Die Bewilligung des Armenrechts für einen Prozeß ist eine dem Berufe des Richteramts ganz fremde Thätigkeit. Deshalb und weil gar leicht durch eine nach vorgängiger Prüfung der Sache vom Richter ausgesprochene Bewilligung oder Verweigerung des Armenrechts seine Unbefangenheit bei der nachherigen Entscheidung der Streitsache gefährdet werden kann, ist es sehr zu wünschen, daß der Richter davon befreit bleibe. Die Prozeßordnungen von Hannover, Oldenburg und Braunschweig stimmen darin überein, daß diese Funktion den Staatsanwaltschaften zugewiesen ist, und das hat in diesen Ländern, wie ich nicht anders weiß, ungetheilten Beifall gefunden **).

Auch die Einziehung einstweilen annotirter Kosten durch die Staatsanwaltschaft erscheint durch die Rücksicht gerechtfertigt, daß es der Stellung

---

*) Da die Prozeßordnungen von Oldenburg und Braunschweig hierin dem gemeinen Rechte folgen, so kennen sie auch für die Zustellungen im Auslande und durch öffentliche Blätter eine Vermittelung der Staatsanwaltschaft nicht.

**) Makower in der Deutschen Gerichts-Zeitung de 1861 Nr. 37 verwirft auch in dieser Beziehung die Thätigkeit der Staatsanwaltschaft. Er übersieht aber, daß es sich hier um eine Thätigkeit handelt, welche außerhalb des Prozeßverfahrens liegt und den Richter als solchen gar nicht angeht.

des Richters nicht entspricht, zugleich als Fiskal der Sportelmasse thätig werden zu müssen.

5. Was sodann die sogenannte Richtigkeitsbeschwerde im Interesse des Gesetzes betrifft, so kann darüber wohl kein Zweifel sein, daß dieselbe, wenn sie selbst angenommen würde, in die Hand der Staatsanwaltschaft gelegt werden müßte. Allein die Einrichtung selbst scheint mir gar nicht empfehlenswerth zu sein.

Da diese Beschwerde auf den entschiedenen Rechtsstreit und für die Parteien niemals eine Wirkung hat, das darüber ergehende Urtheil auch nicht einmal im Rechtspunkte für künftige gleiche Fälle eine den Richter bindende Autorität beanspruchen kann, so besteht ihre ganze Bedeutung nur in der Herbeiführung einer nachträglichen Kritik des rechtskräftigen Urtheils, und zwar einer Kritik, welche vom höchsten Gerichtshofe in der Form eines Richterspruches geübt wird. Trotz dieser Form kann sie nur durch die überzeugende Kraft ihrer Gründe wirken, also nicht mehr leisten, als was auch jede andere theoretische Erörterung zu leisten vermag. Solche bloß kritisirende Arbeit ohne praktische Bedeutung für den speziellen Fall kann, wie schon von Andern bemerkt ist (Deutsche Gerichtszeitung de 1861, Nr. 37), nicht zu den Aufgaben des Richteramts gehören, da dieses gerade zur Entscheidung bestimmter Streitsachen berufen ist. Am wenigsten aber ist dabei die Form des richterlichen Urtheils, welches, wenn der Beschwerde stattgiebt, die vorangegangene Entscheidung vernichtet, zu billigen. Denn in der That ist die Vernichtung eines Richterspruchs, welcher in seiner vollen Geltung als vollstreckbares Urtheil bestehen bleibt, nur eine widerspruchsvolle Phrase.

Ein näheres Eingehen auf das Prinzipwidrige dieser Einrichtung, wenn dabei die Zwecke der Justizpflege in's Auge gefaßt werden, möchte hier nicht am Platze sein. Darauf aber darf noch hingewiesen werden, daß die Richtigkeitsbeschwerde zur Wahrung des Gesetzes im allernächsten Zusammenhange mit der Stellung der Staatsanwaltschaft als partie jointe — als Organ des Gesetzes — steht und nur als ein Ausfluß dieser Stellung erscheint. Vielleicht ist selbst die Annahme nicht unbegründet, daß diese Richtigkeitsbeschwerde vorzugsweise zu dem Zwecke eingeführt ist, um der Staatsanwaltschaft, wenn sie in der Stellung der partie jointe im Prozesse auftritt, doch einigen Halt den Gerichten gegenüber zu geben.*)

*) Darauf weiset insbesondere der §. 15 der Braunschweigischen Prozeßordnung hin, wo es heißt: „Finden die Bemerkungen und Ansichten des Staatsanwalts keine Berücksichtigung, so kann er — — dem Oberstaatsanwalte Anzeige machen, damit dieser — — die Aufhebung nichtiger Erkenntnisse beim Kassationshofe beantrage."

Jedenfalls werden die, welche die Staatsanwaltschaft als partie jointe verwerfen, auch diesen einzelnen Ausfluß, die Nichtigkeitsbeschwerde im Interesse des Gesetzes, nicht befürworten können.

6. Daß eine gewisse Dienstaufsicht auch in Beziehung auf den Geschäftsbetrieb der Anwälte, Gerichtsschreiber und Vollziehungsbeamten von der Staatsanwaltschaft geübt werde, ist ohne Zweifel als zweckmäßig anzuerkennen. Aber die Grenzen dieser Aufsicht und die daraus für die Staatsanwaltschaft herzuleitenden Befugnisse können weder für alle diese Personen, noch für alle Deutschen Staaten gleichmäßig festgestellt werden, da einerseits die Stellung der gedachten Funktionäre unter sich zu verschieden ist und andererseits ihre Organisation in den einzelnen Staaten die größten Abweichungen darbietet. Deshalb erscheint es auch kaum möglich, eine allgemein zutreffende Antwort auf die Frage zu geben, ob und welche einzelne Prozeß-Funktionen auf Grund dieser ihrer Dienstaufsicht der Staatsanwaltschaft etwa einzuräumen sein möchten, und diese Schwierigkeit ist in gleicher Weise vorhanden, mag man dabei an solche Funktionen denken, durch welche ein pflichtmäßiges Handeln jener Personen im einzelnen Falle herbeigeführt werden, oder an solche, durch welche ein pflichtwidriges Handeln wieder aufgehoben werden soll. Im Allgemeinen jedoch wird man auch hier davon auszugehen haben, daß, wo es sich um Partei-Interessen und Rechte handelt, die im Prozeßgange vor dem Richter geltend zu machen sind, auch den Parteien selbst die Wahrung ihrer Zuständigkeiten überlassen bleiben muß. (Die Thätigkeit der Staatsanwaltschaft im Disciplinarwege bleibt dabei unberührt.)

Hinsichtlich der Exekutionsbeamten mögen jedoch andere Rücksichten dann überwiegend werden, wenn die Zwangsvollstreckung überhaupt nicht durch die Gerichte angeordnet und geleitet wird. Wird letzteres, wie in Frankreich und Hannover, als Grundsatz angenommen, wird festgestellt, daß die Gerichte nur in bestimmten Fällen zur Entscheidung gewisser Streitpunkte in der Exekutions-Instanz berufen sind, so mag es auch räthlich sein, der Staatsanwaltschaft eine für den einzelnen Fall wirksame Thätigkeit zur Erreichung eines pflichtmäßigen Geschäftsbetriebes dieser Beamten zu übertragen, also z. B. Beschwerden über Verzögerungen, Gebührenüberschreitungen und dergl. durch sie erledigen zu lassen. Bleibt dagegen die Leitung der Zwangsvollstreckung in der Hand der Gerichte, so wird auch kein Grund vorliegen, diesen die Verfügung darüber zu nehmen.

Das Resultat der vorstehenden Betrachtungen ist demnach Folgendes:

1. Der Staatsanwaltschaft, als einem Organe der Oberaufsicht, wird zweckmäßig auch für die bürgerliche Justizpflege eine überwachende

und vermittelnde Thätigkeit — jedoch ohne die Befugniß zum Eingreifen in den einzelnen Prozeßfall — angewiesen. Damit sie die Ueberwachung ausüben kann, ist ihr das Recht zu gewähren,

allen Gerichtssitzungen, auch wenn die Oeffentlichkeit ausgeschlossen ist, jedoch nicht den Berathungen der Richter beizuwohnen, und

jederzeit die Mittheilung der Akten zu verlangen.

Die nähern Bestimmungen aber darüber, in welcher Weise sie als Organ der Oberaufsicht thätig zu werden hat, können nicht allgemein, sondern nur mit Rücksicht auf die Dienstorganisation in den einzelnen Staaten getroffen werden.

2. Es ist nicht zu empfehlen, der Staatsanwaltschaft als Organ des Gesetzes eine Thätigkeit im Prozesse zur Pflicht zu machen, oder auch nur zu gestatten.

3. Sie ist vielmehr im Prozesse nur in der Eigenschaft einer Prozeßpartei zuzulassen. Wann sie aber als solche auftreten kann, richtet sich nach der Civilgesetzgebung der einzelnen Staaten und bleibt von dieser abhängig.

4. Es ist auch nicht zweckmäßig, die Vermittelung der im Prozesse sich ergebenden Geschäftsverbindung der Gerichte unter sich oder mit andern Behörden ihr zu überweisen.

5. Ob sie bei Zustellungen im Auslande oder durch öffentliche Blätter — imgleichen bei den im Auslande auszuführenden Zwangsvollstreckungen — als Vermittlerin thätig werden soll, wird davon abhängen, ob überhaupt die prozessualischen Zustellungen, bez. die Zwangsvollstreckungen der gerichtlichen Anordnung und Leitung entzogen werden.

6. Die Ertheilung des Armenrechts im Prozesse und die Einziehung annotirter Kosten ist zweckmäßig in die Hand der Staatsanwaltschaft zu legen.

7. Daß auf Grund einer von ihr zu führenden speziellen Dienstaufsicht über die Geschäftsführung der Anwälte, Gerichtsschreiber und Vollziehungsbeamten einzelne prozessualische Funktionen ihr anvertraut werden, ist im Allgemeinen nicht zu empfehlen. Eine Ausnahme kann hinsichtlich der Geschäftsführung der Vollziehungsbeamten dann räthlich werden, wenn die Gerichte der Leitung der Zwangsvollstreckungen enthoben werden.

E.

Gutachten des Justizraths Advokat-Anwalts König in Cleve.

Die ständige Deputation des Deutschen Juristentags hat mich ersucht, meine Meinung über folgende Fragen zu äußern:

„Soll die Thätigkeit der Staatsanwaltschaft auch auf bürgerliche Rechtsstreitigkeiten ausgedehnt werden? und wie weit?“

Ich will diesem Ersuchen nachkommen, wobei ich jedoch voraussetze, daß es meine Aufgabe nicht sein soll, jene Fragen wissenschaftlich unter Bezugnahme auf die darüber bereits bestehende Literatur und unter Berücksichtigung der in den verschiedenen Gesetzgebungen bestehenden Vorschriften in ihrem ganzen Umfange und erschöpfend zu erörtern. Eine solche wissenschaftliche Arbeit würde mehr Zeit erfordern, als ich bei meiner Beschäftigung als Rechtsanwalt entbehren kann; dieselbe würde auch eine derartige Ausdehnung gewinnen müssen, daß sie schwerlich zu einem Abdruck in den Verhandlungen des dritten Juristentags sich eignen würde; zudem existiren für denjenigen, der sich in diesen Fragen vollständig orientiren will, sehr gute wissenschaftliche Werke, und noch vor Kurzem ist bei Ferdinand Enke in Erlangen eine vortreffliche Monographie von dem Staatsanwalt Berninger zu Eisenach erschienen, in welcher grade mit Rücksicht auf eine gemeinsame Deutsche Civilprozeßordnung in sehr eingehender Weise und namentlich unter Beschreibung der Art, wie die Staatsanwaltschaft im Französischen und Hannöverschen Civilprozesse eine Stelle gefunden hat, der Gegenstand besprochen worden ist.

In der Preußischen Rheinprovinz, welcher ich angehöre, zweifelt Niemand daran, daß die Thätigkeit des Staatsanwalts auch in bürgerlichen Rechtsstreitigkeiten in sehr umfassender Weise nicht nur zulässig, sondern durchaus zweckmäßig und fast unentbehrlich sei. Ob dieses in demselben

Umfange auch für den künftigen gemeinsamen Deutschen Civilprozeß der Fall sein wird, ist abhängig von der Vorfrage, wie sonst das Prozeßverfahren, wie die Justizorganisation, wie die Stellung der Richter, der Rechtsanwälte und der übrigen im Prozesse thätigen Personen beschaffen sein wird. Wenn ich aber auch nur folgende Voraussetzungen mache:

1. daß für das Strafverfahren das Institut der Staatsanwaltschaft unangefochten besteht, und
2. daß für den Civilprozeß in Gemäßheit der Beschlüsse der beiden ersten Juristentage
    a) der Schwerpunkt der Entscheidung in der öffentlichen und mündlichen Verhandlung liegen, und
    b) vor kollegialischen Gerichten die Vertretung der Parteien durch Rechtsanwälte obligatorisch und das Verfahren wesentlich auf der Verhandlungsmaxime beruhen soll,

so nehme ich keinen Anstand, mich dahin zu erklären, daß auch in bürgerlichen Rechtsstreitigkeiten dem Staatsanwalt eine Stelle anzuweisen sei, und daß das Minimum seiner Thätigkeit darin bestehen muß:

1. daß in den öffentlichen Sitzungen der kollegialischen Gerichte stets ein Staatsanwalt zugegen sein, und
2. daß es demselben gestattet sein soll, nach den Vorträgen der Rechtsanwälte und vor dem Urtheile seine Ansicht über die in seiner Gegenwart verhandelte Sache zu äußern.

Ich halte diese beiden Sätze auseinander, weil sie meines Erachtens nicht zusammenfallen. Gewöhnlich wird zwar das Letztere angenommen; man glaubt, der Staatsanwalt müsse eben nur zugegen sein, um nöthigenfalls am Schlusse der Sache sein Requisitorium halten zu können. Diese Ansicht ist aber nicht ganz richtig. Auch wenn dem Staatsanwalt nicht gestattet wäre, Vortrag in der Sache zu halten, so würde doch schon die Anwesenheit des Staatsanwalts für sich allein von großem Werthe sein. Es ist mir beim Lesen der bis jetzt vorliegenden Gutachten und Monographien vorgekommen, als wenn zu wenig der Umstand berücksichtigt ist, daß für die Strafrechtspflege der Staatsanwalt dasjenige Organ bildet, welches zu verfolgen und anzuklagen hat; grade wegen dieses Umstandes ist es im höchsten Grade heilsam, daß der Staatsanwalt den Sitzungen auch der Civilgerichte beiwohnt. Es giebt Verbrechen, die hauptsächlich nur im Laufe der Prozesse begangen werden, z. B. Meineide der Parteien oder Zeugen, Gebrauch falscher Urkunden. Andere strafbare Handlungen treten bei den prozessualischen Verhandlungen am häufigsten wenigstens zu Tage und würden ohne dieselben verborgen bleiben; ich hebe in dieser Beziehung nur den

„Betrug“ und den „Wucher“ hervor. Die Folge der Abwesenheit eines Staatsanwalts würde sein, daß solche strafbare Handlungen unverfolgt blieben, wenn man nicht den Richtern das Verfolgungsrecht einräumte; das Letztere würde dem Prinzip widersprechen, daß nicht der Richter, sondern der Staatsanwalt die strafrechtliche Verfolgung anregen soll. Es hat die Anwesenheit des Staatsanwalts auch den wohlthätigen Einfluß, daß dadurch unnützen Angebereien und Denunziationen vorgebeugt wird. In Preußen, wo die Staatsanwälte den Civilsitzungen nicht beiwohnen, werden diese die Erfahrung bezeugen können, daß derjenige, welcher in Folge eines Parteieides oder von Zeugenaussagen den Prozeß verliert, in der Regel nicht unterläßt, seinen Gegner oder die Zeugen des Meineides zu beschuldigen und beim Staatsanwalt sein Heil zu suchen. Der Staatsanwalt, welcher dem Civilprozeß nicht beigewohnt hat, wird sich nicht entziehen können, in der ihm unbekannten Sache große Denunziationsprotokolle aufzunehmen, Informationen einzuziehen, Zeugen zu vernehmen 2c., während er, wenn er bei Verhandlung des Civilprozesses zugegen gewesen wäre, in den meisten Fällen in der Lage sein wird, den Werth der Denunziation sofort zu durchblicken. Wenn auf diese Weise die Anwesenheit des Staatsanwalts frivolen Denunziationen vorbeugt, so verhütet sie auf der anderen Seite auch die Begehung mancher Verbrechen; die Partei, welche den Wächter des Strafgesetzes neben sich sieht und bemerkt, daß er dem Gange des Prozesses folgt, wird ganz gewiß weniger leicht dazu übergehen, einen Meineid zu begehen, oder eine unechte Urkunde vorzulegen, oder einen falschen Zeugen vorzuführen.

Von nicht minderer Bedeutung ist die Anwesenheit des Staatsanwalts deshalb, weil er das Staatsorgan bildet, welches das Verhalten der Anwälte und Advokaten insofern überwacht, als er bei Fehlern gegen die Disziplin bei den kompetenten Behörden die Rüge zu provoziren hat. Je freier die Stellung der Anwälte und Advokaten sein soll, desto nothwendiger ist als Korrektiv gegen den Mißbrauch dieser Freiheit die Anwesenheit jenes Staatsorgans in der öffentlichen Sitzung. Das Eine bedingt das Andere. Ist, wie in der Preußischen Gerichtsordnung, der Rechtsanwalt weniger frei gestellt, die Leitung des Prozesses mehr in die Hand des Richters gelegt, und wird dem Anwalt durch Verfügungen des Richters sein Weg angegeben, so mag das Bedürfniß eines ihn überwachenden besonderen Organs weniger vorhanden sein; ist dagegen die Prozeßbehandlung, wie das bei einem den Schwerpunkt in die mündliche Verhandlung legenden Verfahren nicht anders denkbar ist, lediglich den Rechtsanwälten anzuvertrauen, dann ist es gerade das Verhalten in der öffentlichen Sitzung, welches von dem Auge der Staatsanwaltschaft beobachtet und überwacht sein muß. Der Rechtsanwalt kann sich dann um so freier bewegen. Fehlt der Staatsan=

walt, so wird der Richter diesen Wächter machen müssen; dieser würde hiebei nothwendig in Konflikte mit dem Rechtsanwalt gerathen, bei welchen der Letztere, der in seinem Ankläger auch seinen Richter vor sich hätte, im ungleichen Kampfe stets unterliegen müßte. Ganz anders ist es, wenn neben den Richtern der Wächter auch der Disziplin auf besonderem Platze sitzt. Nimmt derselbe Anträge gegen den Anwalt, so hindert diesen nichts, mit voller Freiheit und Unabhängigkeit vor dem Richter, welcher dem Standpunkte des Anklägers entrückt ist, zu plaidiren.

Nicht minder wichtig ist es, daß auch der Richter in seiner Funktion durch den anwesenden Staatsanwalt sich bewacht fühlt, und die den Französischen Gerichtsverhandlungen mit Recht nachgerühmte Würde und das zwischen Richtern und Advokaten dort an den Tag gelegt werdende rücksichtsvolle Verhalten haben ganz gewiß auch in der Anwesenheit der Staatsanwaltschaft zum großen Theil ihren Grund.

Es kommt ferner in Betracht, daß gerade durch die gewissermaßen öffentlich ausgeübte Kontrole die bei weitem gehässigeren sonstigen Revisionen und Visitationen überflüssig gemacht werden. Es giebt keine weniger kränkende Weise der Ausübung der strafgerichtlichen Polizei und der disziplinarischen Kontrole als die, welche lediglich darin besteht, daß der Staatsanwalt den Civilsitzungen beiwohnt. Und dennoch ist sie vielleicht die sicherste. In diesen Sitzungen entrollt sich vor den Augen des Staatsanwalts das Bild der Rechtsverletzungen, welche den Gerichtseingesessenen Veranlassung zu Klagen gegeben haben; hier hat er Gelegenheit, im Laufe der Prozedur zu ermitteln, ob jene Rechtsverletzungen in das Gebiet des Strafrechts hinübergeführt haben; hier giebt sich mehr, wie irgendwo anders, bei den Anwälten zu erkennen, ob und was an ihnen ist; hier kommen die Urkunden der Notarien und sonstiger Beamten zu Tage; kurz hier ist gewissermaßen der Markt, wo Alles in das Rechtsleben hineinschlagende zur Schau kommt. Deshalb darf der Staatsanwalt, dasjenige Organ, welches das Strafbare aufsuchen und bei dessen Entdeckung die actio publica erheben soll, nicht fehlen. Diese actio publica gehört freilich nicht vor den Civilrichter als solchen; es befindet daher der Staatsanwalt, wenn er von diesem Gesichtspunkt aus der Civilsitzung beiwohnt, sich weniger in einer civilprozessualischen Thätigkeit; es ist vielmehr diese Thätigkeit ein Ausfluß und eine Konsequenz der dem Staatsanwalt zugewiesenen Befugniß der Anklage. Er tritt in Bezug auf den Civilprozeß nicht aktiv auf; er verhält sich passiv; er sieht und hört zu, beobachtet, sammelt ꝛc.; er fungirt gewissermaßen als Kriminal-Staatsanwalt, und zwar offen und ehrlich; er schöpft aus der reinen Quelle der öffentlichen gerichtlichen Verhandlungen; wollte man ihn hier vertreiben, so würde man ihm seine gesundeste Lebensader abschneiden, man würde den öffentlichen Ankläger zwingen, das Material für seine Wirksamkeit auf unzuverlässigeren Wegen zu suchen, und ihn zu dem gehässigen System der Angebereien und des Spionirens hindrängen.

Uebrigens sei hier noch bemerkt, daß der Staatsanwalt von diesem seinem Standpunkte als Inhaber des Anklageamts aus möglicherweise auch beim Civilrichter Anträge stellen kann, über welche dann auch dieser zu erkennen hat. Ob und wann dieses eintreten kann, hängt von sonstigen Bestimmungen des Gesetzes ab. So z. B. bildet nach Französischem Rechte in Bezug auf diejenigen Disziplinarvergehen, welche von den Anwälten und Advokaten während der Sitzung begangen werden, das Civilgericht den Disziplinarhof, und es wird also der Staatsanwalt Disziplinaranträge stellen können; ferner, um nur noch einen Fall beispielsweise anzuführen, bestimmt der Art. 239 der Französischen Prozeßordnung, daß in dem Falle, wenn sich in einem Civilprozesse über die Echtheit einer als falsch angegriffenen Urkunde Anzeigen einer Fälschung gegen noch lebende Personen ergeben, der Präsident des Civilgerichts wider die Beschuldigten einen Vorführungsbefehl erlassen kann, woraus sich ergiebt, daß der Staatsanwalt in die Lage kommen kann, diese Beschuldigung zu erheben und den Antrag auf Erlassung des Vorführungsbefehls zu stellen. —

Ist nach der bisherigen Ausführung die Nothwendigkeit der Anwesenheit des Staatsanwalts bei der mündlichen Verhandlung im Civilprozesse aus seiner Stellung als Kriminal-Staatsanwalt hergeleitet und dargethan, so kann es, dünkt mich, um so weniger Bedenken haben, ihm auch für den Civilprozeß direkt diejenige Thätigkeit zuzuweisen, welche ihm nicht nur in der Französischen, sondern auch in den Prozeßordnungen von Hannover, Braunschweig und Oldenburg zugetheilt ist. Nach diesen Prozeßordnungen hat der Staatsanwalt nach Beendigung der Vorträge der Anwälte und Advokaten das Recht, sich über die in seiner Gegenwart verhandelte Sache zu äußern. Es wird durch diesen Vortrag der Staatsbehörde in der faktischen Lage der Sache nichts geändert; der Richter hat nur über die Petita, welche die Vertreter der Parteien gestellt haben, zu erkennen. Der Staatsanwalt stellt kein besonderes Petitum; er giebt nur sein Votum darüber ab, wie nach Lage der Sache zu erkennen sei; er hat gewissermaßen ein votum consultativum, welches er in Gegenwart der Parteien öffentlich abgiebt. Die Franzosen drücken dieses Verhältniß des Staatsanwalts im Gegensatz zu den Parteien, welche die Hauptpersonen des Prozesses, les partie principales, bilden, dahin aus, daß derselbe als „partie jointe" auftrete. Der Staatsanwalt ist hier überhaupt nicht Partei; er schließt sich in seinem Votum nur den Anträgen der einen oder andern Partei an.

Das Gesetz vom 24. August 1810, Tit. VIII. Art. 2 bestimmt in dieser Beziehung:

> „les commissaires du roi, exerceront au civil leur ministère non par voie d'action, mais seulement par celle de requisition dans les procés, dont les juges auront été saisis."

Es liegt diesem Auftreten des Staatsanwalts als „partie jointe" der Gedanke zum Grunde, daß auch da, wo es sich nur von Mein und Dein handelt, neben dem Interesse der streitenden Subjekte auch noch ein allgemeines, objektives, Interesse dafür besteht, daß das Recht und die prozessualische Ordnung zur Wirklichkeit gelange. Das Organ zur Wahrung dieses Interesse soll eben der Staatsanwalt sein. Es tritt auf diese Weise in die Mitte zwischen den vom Parteistandpunkte gehaltenen Vorträgen der Rechtsanwälte und dem Richterspruch ein die Sache ohne alles Parteiinteresse objektiv beleuchtender Vortrag. Es erfolgt ein solcher Vortrag selbstverständlich nur, wenn die faktische Verwickelung der Sache oder die Wichtigkeit der zur Sprache kommenden Rechtspunkte es erfordert; und es ist dieses eine, wenn auch nicht nothwendige, doch höchst nützliche und heilsame Einrichtung; die Erfahrung lehrt, daß dieselbe in der Regel zur Aufklärung der Sache beiträgt. Wenn Frey in seiner bekannten Schrift über die Staatsanwaltschaft referirt, daß er bei den Pariser Civilgerichten bemerkt, wie beim Beginn der Vorträge des Staatsanwalts die Richter mit Ausnahme des Präsidenten Langeweile an den Tag gelegt hätten, so ist dieses, wie Berninger mit Recht behauptet, deshalb für unsere Frage ohne alle Bedeutung, weil derselbe Schriftsteller auch sagt, daß er bei den Pariser Gerichten gefunden, daß auch während der Vorträge der Advokaten die Richter vor den Augen des Publikums geschlafen, Zeitungen gelesen &c., und daß ihm überhaupt die Richter mit Ausnahme der Präsidenten unbedeutend und untauglich vorgekommen seien. Die Schuld der Langeweile lag also entweder an Paris, oder an der Untauglichkeit der sich langweilenden Richter, nicht aber an dem Vortrag der Staatsbehörde, wie dieses schon daraus hervorgeht, daß der Präsident, das allein bedeutende Mitglied des Gerichts, dem Vortrag Aufmerksamkeit schenkte. Mit großem Unrecht legt daher Plathner (vergl. dessen Gutachten, S. 112 der Verhandlungen des zweiten Deutschen Juristentags) auf dieses Zeugniß des Frey besonderes Gewicht. Es widerspricht dieses Zeugniß aber auch der allgemeinen Erfahrung. Die Beamten der Staatsanwaltschaft sind in der Regel schon deshalb, weil sie öffentliche Vorträge zu halten verpflichtet sind, die begabtesten Juristen; da sie nur in faktisch verwickelteren oder juristisch interessanteren Sachen das Wort zu nehmen pflegen, so stehen sie meistens auf einer nicht gewöhnlichen Höhe der wissenschaftlichen Ausbildung. Gerade diese Beschäftigung mit der Civiljurisprudenz giebt daher dem Institut der Staatsanwaltschaft eine höhere Weihe. Der Staatsanwalt, welcher sich blos mit Kriminalien beschäftigt, wird einseitig, er hört auf, Civiljurist zu sein, und wird in civilibus zum Stümper. Diese Folge tritt selbstredend dann und wann auch bei seinem Auftreten als Kriminal-Staatsanwalt zu Tage, da auch in Strafsachen bisweilen civilrechtliche Vorfragen zur Erörterung kommen können. Dazu kommt, daß der Staatsanwalt, wenn er sich blos mit Strafsachen beschäftigt, leicht verlernt, die Dinge unparteiisch und von allen Seiten abzuwägen. Es mag immerhin wahr sein, daß der Staatsanwalt auch als Ankläger sich nicht rein als Partei zu betrachten hat; es kann doch nicht geleugnet werden, daß schon die Form des Akkusationsverfahrens im Kriminalprozeß ihn dahin bringt, sich mehr oder weniger auf einer Seite zu halten und sich hieran zu gewöhnen. Gerade hiegegen bildet seine eben hervorgehobene Thätigkeit im Civilprozeß ein passendes Korrektiv. Hier bildet er das Organ, welches, ohne Partei zu sein, vom rein objektiven Standpunkte aus nach den Parteivorträgen resumirt. Unzweifelhaft scheint es mir daher, daß diese Thätigkeit im Civilprozeß von der wohlthätigsten Rückwirkung auf seine Beschäftigung im Strafprozesse ist.

Schließlich bemerke ich noch, daß nach Französischem Rechte der Staatsanwalt auch als Prinzipalpartei mitunter auftritt; er kann in fiskalischen Civilprozessen den Fiskus vertreten; auch giebt es gewisse Prozesse, z. B. das Interdiktionsverfahren, in welchen er vermöge seines Amts als Provokant agiren kann. Es widerspricht meines Erachtens ein solches Auftreten als partie principale jener höheren Stellung, welche ihn über die Parteien stellt. Dieses wird auch allgemein gefühlt, so daß es z. B. ganz außer Gebrauch gekommen ist, ihn den Fiskus vertreten zu lassen. —

FSC
www.fsc.org
MIX
Papier | Fördert
gute Waldnutzung
FSC® C083411

Kolibri 360 GmbH
Ferdinand-Jühlke-Straße 7
99095 Erfurt, Deutschland
produktsicherheit@kolibri360.de